QUEM LIDERA PROSPERA

ALFREDO ROCHA

QUEM LIDERA PROSPERA

O GUIA
DEFINITIVO PARA
GERAR RESULTADO
E SE TORNAR UM LÍDER
DE SUCESSO

))(Academia

Copyright © Alfredo Rocha, 2020
Copyright © Editora Planeta do Brasil, 2020
Todos os direitos reservados.

Preparação: Edison Veiga
Revisão: Thiago Fraga e Nine Editorial
Diagramação: Nine Editorial
Capa: Anderson Junqueira

Dados Internacionais de Catalogação na Publicação (CIP)
Angélica Ilacqua CRB-8/7057

Rocha, Alfredo
   Quem lidera prospera : o guia definitivo para gerar resultado e se tornar um líder de sucesso / Alfredo Rocha. – São Paulo: Planeta do Brasil, 2020.
   160 p.

ISBN: 978-85-422-1881-7

1. Liderança 2. Administração de pessoal I. Título

20-1120   CDD 658. 3

Índices para catálogo sistemático:
1. Liderança

2020
Todos os direitos desta edição reservados à
Editora Planeta do Brasil Ltda.
Rua Bela Cintra, 986 – 4º andar – Consolação
01415-002 – São Paulo-SP
www.planetadelivros.com.br
faleconosco@editoraplaneta.com.br

"Liderança não significa títulos, cargos ou hierarquias. Trata-se de uma vida que influencia outra."

John C. Maxwell

Sumário

Introdução 9

Capítulo 1   Líder forte, empresa forte 23

Capítulo 2   A liderança como chave para o sucesso 33

Capítulo 3   Liderar hoje 43

Capítulo 4   Gestão de pessoas para a alta performance 56

Capítulo 5   Conscientizar: o início para construir uma equipe de alto desempenho 70

Capítulo 6   O potencial transformador da educação 81

Capítulo 7   Treinamento como ferramenta de transformação empresarial 94

Capítulo 8   Uma boa conversa pode renovar a capacidade da equipe 108

Capítulo 9   Como cobrar resultados da equipe de forma eficaz .. 116

Capítulo 10 Motivação para o alto desempenho 130

Capítulo 11 O fator salário na motivação das equipes 143

Capítulo 12 A essência da liderança 155

Agradecimentos 159

Introdução

"Você poderia tirar de mim as minhas fábricas, queimar os meus prédios, mas se me der o meu pessoal, eu construirei outra vez todos os meus negócios."

Henry Ford

Algumas pessoas transformam o mundo. São seres humanos com tamanha grandiosidade em suas ações, que o mundo não volta a ser o mesmo após sua passagem. Jesus Cristo, por exemplo, deixou uma mensagem de amor ao próximo, uma das mais belas que um ser humano pode deixar durante uma vida. Graças a Ele, um terço da humanidade é impactada por ela.

Além da influência de Jesus Cristo, em outras partes do mundo, principalmente no Oriente, podemos citar a de outros grandes seres humanos como Sidarta Gautama (o Buda), Confúcio, Lao Tsé e Platão (para o Ocidente). Suas passagens pelo mundo se deram por volta de dois mil, dois mil e quinhentos anos atrás, mas o tempo não foi capaz de apagar seus rastros pelo planeta.

Todos eles transmitiram muitas mensagens de amor, seja sobre generosidade, busca pela felicidade, egoísmo e desapego, vida ética e moral ou bem comum. Seus legados, porém, se perpetuaram devido à inegável capacidade de liderança deles.

É possível que o mundo tivesse se tornado um pouco pior sem seus ensinamentos. Mas não bastaria lançar somente uma boa mensagem ao mundo; seria preciso, sobretudo, ter a capacidade de influenciar pessoas de modo que ela pudesse alcançar os lugares mais distantes da Terra. Influenciar pessoas é uma habilidade inerente de líderes que prosperam, por isso Jesus Cristo, Buda, Confúcio, Lao Tsé e Platão estão entre os maiores líderes da história.

Ao adiantar o nosso relógio do tempo em vinte ou vinte e cinco séculos, encontramos grandes líderes que transmitiram as mesmas mensagens universais de amor e fraternidade: Gandhi, Martin Luther King, Madre Teresa de Calcutá, Nelson Mandela.

É muito provável que se questionarmos "Você sabe quem foi o homem mais rico da Índia na época de Gandhi?" poucos saberão responder. Mas quando perguntarmos, por exemplo, "Você já ouviu falar em Gandhi?" muito mais pessoas responderão sim – isso confirma a popularidade e, principalmente, a capacidade de influência de grandes personalidades que fizeram história.

Gandhi na Índia, Madre Teresa, que também iniciou sua missão na Índia, Martin Luther King nos Estados Unidos e Nelson Mandela na África do Sul, são exemplos de grandes líderes do século XX que atenderam às mais diversas necessidades nos mais diferentes lugares do mundo, mobilizando milhões de pessoas e ajudando a fazer um mundo melhor com suas causas.

Transformações mundiais acontecem por iniciativas de indivíduos comuns que têm um propósito e uma grande capacidade de liderança desenvolvida. O cenário não é diferente quando analisamos a situação dos países mais prósperos do mundo.

Fortes lideranças podem levar uma nação ao bem-estar social ou agravar estados de depressão econômica. O líder de uma nação, seja ele presidente ou primeiro-ministro, tem grande responsabilidade em relação à imagem que transmite, para o resto do mundo, do país que representa.

Um presidente que demonstra respeito comercial, possui um plano econômico saudável ou que sabe articular-se com outros líderes ao redor do mundo vai transmitir confiança para investidores estrangeiros. O líder de um país precisa saber discernir o que é necessário ser feito, para não se envolver em causas que geram apenas mais desperdício de energia em vez de resultados.

Líderes de um país precisam saber unir seu povo, de modo que todos adquiram sentimento de pertencimento e se sintam representados. Quando assumiu a presidência da África do Sul, Nelson Mandela demonstrou essa capacidade unindo brancos e negros após um processo de segregação de muitos anos.

Em vez de unir as pessoas, líderes fracos as separam por divergências religiosas, políticas, raciais ou sexuais. Eles vão contra a união, o amor e a fraternidade, isto é, os princípios ensinados pelos maiores líderes da história, os quais citamos inicialmente. A força da liderança é essencial para a construção de uma nação próspera.

Os grandes líderes não estão presentes apenas cuidando dos rumos do mundo ou de um país. Uma grande liderança é capaz de transformar, também, os rumos de uma família. Na minha, essa figura foi a minha mãe, dona Jandira. Graças a ela, exemplo de moral e de capacidade de influência, nossa família, incluindo eu e meus irmãos, pôde dar um salto de qualidade de vida.

Você pode não ter a pretensão de assumir a presidência da república ou de mudar o mundo, mas você não gostaria de ajudar a melhorar a vida das pessoas ao seu redor? Seja dentro de empresas ou no grupo familiar, uma boa liderança é necessária para fazer as coisas acontecerem em prol do bem comum.

Lideranças despreparadas pioram o mundo. São vários os exemplos de maus líderes ao longo da história, no entanto não vou me atentar a exemplos ruins. Lideranças fracas enfraquecem um país, e, mesmo em ambiente familiar, um líder ruim não contribui para seu crescimento.

Neste livro vamos focar na ação do líder nas organizações e mostrar como ele pode ser responsável pelo sucesso ou insucesso das iniciativas organizacionais. Ensinaremos, também, como formar um bom líder; afinal, líderes são formados, não nascem prontos. Um líder bem formado é líder em todas as situações. Passaremos, então, a entender como se tornar um grande líder.

Líder e liderado são faces da mesma moeda. Dentro de uma organização, um profissional pode ser líder de mil funcionários e, ao mesmo tempo, liderado em outras situações.

Tomemos como exemplo um gerente de uma fábrica. Ele é líder da equipe de produção, mas segue as ordens do diretor ou do presidente da companhia. No jogo de futebol com os amigos, é liderado pelo capitão e pelo técnico do time. Pode ser líder na empresa na qual trabalho, mas quando chega em casa é o liderado quando envolvido nos preparativos do jantar.

A vida humana é um pouco disto: em algumas situações assumimos posições de liderança e, em outras, somos liderados. O Presidente da República ocupa o mais alto cargo executivo do país; mesmo assim, quando entra em um avião, passa a ser um liderado – ele deve ouvir e acatar ordens do comandante da aeronave, que, nessa situação, é quem tem as habilidades necessárias para liderar.

Todo grande líder é também um grande liderado.

Grandes liderados desenvolvem as habilidades de ouvir, servir e gerar resultados, requisitos essenciais para se tornarem líderes prósperos. Se você ainda não assumiu uma posição de liderança, pergunte para si: eu sou um bom liderado? A resposta servirá de bússola para caminhos que devem ser trilhados rumo à liderança.

Se você já ocupa um cargo de líder e neste momento está avaliando seu papel, também lhe cabe a mesma pergunta: eu sou um bom liderado? Aquele que não sabe servir aos seus líderes provavelmente não serve como líder para a empresa; afinal de contas, todo liderado é um líder e necessita exercer a autoliderança na execução das tarefas, ter disciplina para programar a agenda de atividades, buscar aprender coisas novas para ser um profissional melhor, ter vontade para agir. Sem autoliderança, não é possível alcançar resultados – um líder é, também, aquele que foi eleito para entregar resultados à empresa.

Autoliderança é a habilidade de saber aonde se quer chegar e se responsabilizar pela construção desse resultado na vida. Quem se autolidera constrói sua carreira; não é uma vítima passiva das situações do mercado.

As empresas têm se organizado cada vez mais de forma horizontal, com menos cargos hierárquicos separando líderes de liderados. O cenário atual demanda colaboradores capazes de exercerem a autoliderança, de fazerem as coisas acontecer e de serem protagonistas da mudança, não precisando ser mandadas. O mundo contemporâneo exige indivíduos que assumem postura de iniciativa e responsabilidade, gente que faz os resultados chegarem.

Para desenvolver a autoliderança, o primeiro passo é ampliar o autoconhecimento. Aonde você quer chegar profissionalmente? Você consegue responder de imediato?

Autoliderança não se restringe a questões profissionais. Você possui um projeto de vida? Essa pergunta já remete a um grau mais profundo de resposta – autoconhecimento é compreender que somos seres complexos e que muitos dos nossos desejos podem ser incongruentes com algumas ações que tomamos.

Como você lidera sua vida pessoal? Que ações você toma diariamente para se manter saudável daqui a alguns anos? Você exerce autoliderança agindo com disciplina quando vai comer? Pratica atividades físicas? Faz exames médicos com regularidade para saber como está sua saúde? Eis alguns exemplos de autoliderança na vida pessoal.

Existem líderes que constroem bons resultados dentro de corporações, mas que são fracassados nos relacionamentos interpessoais. Não têm tempo para a família, discutem regularmente com o cônjuge, não se dedicam à educação dos filhos.

O autoconhecimento ajuda a enxergar quais pontos precisam ser desenvolvidos para melhorar os relacionamentos. Você perde a paciência com frequência? Falta gerenciar melhor o tempo que passa com a família? Você se dedica a ouvir as pessoas que ama e a desenvolver empatia com elas?

Em se tratando de questões financeiras, o autoconhecimento também é um aliado importante. Como é sua relação com o dinheiro? Você carrega alguma crença negativa em relação a dinheiro? Há muitos estigmas sociais a esse respeito. Muitas pessoas ouviram, em algum momento da vida, que quem enriquece é gente corrupta ou que ter dinheiro é consequência de atitudes más; essas e outras concepções acarretaram um aspecto negativo quanto o assunto é "ganhar dinheiro".

Quem não olha atentamente para sua relação com dinheiro pode passar a vida toda impedido de conquistar prosperidade financeira. Para liderar as finanças pessoais é preciso compreender quais impulsos propiciam gastos superiores ao que se ganha, quais gatilhos levam você a ter impulsos em relação ao dinheiro, impossibilitando quaisquer investimentos.

Autoconhecimento serve como catalisador na busca de maiores propósitos pessoais e profissionais. Muitas vezes acordamos com baixa motivação para entregar o melhor trabalho. O que grandes líderes fazem para superar tal situação é se autoliderar em prol de um propósito maior – aquilo que vemos como sentido para a existência, que nos faz entender que a vida vale a pena. É o legado que deixamos no mundo.

Faça o exercício de se perguntar: por que trabalhar? Você trabalha para ganhar dinheiro ou o trabalho tem uma relação de pertencimento em sua vida? Qual a relação de seu trabalho com os outros e com a sociedade da qual você faz parte? Reflita sobre como as coisas que faz podem ajudar os outros e o mundo.

O que define um bom trabalho? O que define uma boa vida? O que gostaria de deixar para o futuro? A fim de liderar suas ações de hoje para o futuro, primeiro é preciso saber qual é esse futuro que você espera construir – e como seu trabalho se relaciona com isso.

Você se conhece verdadeiramente? Com a vida perfeita estampada nos murais das redes sociais, existem muitas pessoas que conhecem mais do outro do que da própria vida.

Não é possível iniciar autoliderança a partir de máscaras criadas para esconder nosso verdadeiro eu.

Você não tem que responder a essas perguntas para mim, mas para si mesmo. Faça uma autoanálise de seus pontos fracos. Quais são as tarefas que você procrastina? Olhe para sua vida e identifique aquelas atividades que você não gosta, mas precisa fazer e, por isso, acaba demorando para cumprir.

Quais coisas o atrapalham na convivência humana? Ninguém chega ao sucesso sozinho. Criar relações pessoais e profissionais positivas é importante para obter resultados expressivos. Quais atitudes mais atrapalham quando você está em contato com o outro? Reflita sobre paciência, empatia, colaboração, respeito e como esses aspectos impactam quem convive com você.

Qual postura você tem hoje que gostaria de corrigir? Existe alguma atitude, defeito ou vício que você sabe que, se eliminar de sua vida, vai estar apto a obter melhores resultados? Olhar para nossas sombras não é fácil – no entanto é o olhar que traz luz para as áreas mais escuras da nossa personalidade.

Para autoliderar uma mudança real na própria vida primeiro é preciso encarar que certas coisas precisam ser transformadas. Reconhecer as debilidades é o primeiro passo a ser dado – e, a partir disso, é possível definir ações que atenuam nossos pontos fracos.

Autoconhecimento para exercer autoliderança também significa conhecer os nossos pontos fortes. Se temos dificuldades para apontar os pontos fracos – por não querer encarar a realidade –, listar pontos fortes também é exercício passível de contradições.

Ao considerarmos a natureza humana, entendemos que é fácil amenizar os próprios defeitos e supervalorizar as qualidades. As pessoas gostam de dizer o quão boas são – mas nem sempre são tão boas quanto imaginam.

A facilidade em conseguir informação nos dias atuais faz as pessoas pensarem que "sabem" tudo sobre determinado assunto. Porém, um estudo conduzido pelos cientistas Justin Kruger e David Dunning na Universidade de Cornell mostrou que há pessoas com pouco conhecimento sobre um assunto que acreditam saber mais em relação às mais bem preparadas, o chamado efeito Dunning-Kruger.

É provável que você já tenha ouvido a conhecida frase atribuída a Sócrates: "Só sei que nada sei". O oráculo de Delfos determinou que, por isso, o filósofo era o homem mais sábio de Atenas – afinal, diferente de seus conterrâneos, Sócrates tinha consciência de sua própria ignorância.

Em um mundo bombardeado por informações acessíveis e instantâneas, em que mensagens são compartilhadas via WhatsApp, Facebook, Google, YouTube e outras fontes, é fácil alguém se considerar bem informado, acreditar que domina um assunto e até mesmo pensar que pode falar com propriedade sobre ele.

O efeito Dunning-Kruger demonstra que pessoas realmente conhecedoras de um assunto são conscientes da extensão e da profundidade do tema, por isso não são pretensiosas a ponto de afirmarem que sabem tudo sobre ele ou que estão completamente certas em seus pontos de vista, diferentemente daquelas com conhecimento raso.

A esta altura, imagino que você deva estar lamentando: "Poxa, Alfredo, será que não tenho pontos fortes?".

Claro que tem!

Eis a chave: a reflexão do autoconhecimento, em prol da autoliderança, serve para encontrar os verdadeiros pontos fortes – e não superestimar algumas habilidades.

Autoconhecimento é um exercício de humildade.

Quais são as coisas que você realiza com mais facilidade do que outras pessoas? Muitas vezes negligenciamos alguns dos nossos pontos fortes porque não valorizamos a nós mesmos. Um cálculo matemático pode ser difícil para muitos e, para outros, uma tarefa fácil. Por parecer trivial, muitas vezes é uma capacidade menosprezada pelo indivíduo, que acha que todos a fazem com a mesma facilidade.

Para quais coisas as pessoas costumam lhe pedir ajuda? Eis outro indicador de pontos fortes. É um reconhecimento externo de habilidades que possuímos e que, muitas vezes, não são valorizadas.

Quais tarefas você gosta de fazer? E estudar? Habilidades se desenvolvem com a prática. Ou seja, coisas às quais você se dedica com prazer e repetição ao longo dos anos possivelmente são competências mais desenvolvidas em você do que na média das pessoas.

Conhecer o que precisa ser desenvolvido e ter consciência da própria capacidade é o caminho para outra habilidade daqueles que praticam a autoliderança: o planejamento. Por que muitas vezes não conquistamos o que almejamos? Entre as razões, podemos apontar a falta de autoconhecimento, de propósito e de planejamento.

Quando traçamos uma meta, estamos dizendo o seguinte: "Eu me encontro neste ponto do caminho e quero chegar até esse outro ponto". Uma meta é como você quer estar ou aquilo que quer conquistar. É algo que, no momento presente, está à determinada distância de sua realidade atual. Em outras palavras, para se atingir uma meta, é preciso percorrer um caminho.

É possível percorrer um caminho sem nem saber onde se está? Faço palestras pelo Brasil inteiro. Se eu estiver em uma cidade, não souber como chegar até o local onde vou palestrar e ligar para o meu contratante dizendo "Estou perdido na cidade", a primeira coisa que ele vai me perguntar é: "Alfredo, onde você está?".

Aqui, encontra-se o equívoco inicial: muita gente traça metas sem sequer saber onde está. Isso significa que, às vezes, superestimam as habilidades, colocam-se na frente de desafios que não conseguem concluir porque não conheciam suas forças e, por isso, falham. Outros se subestimam e se colocam em desafios pequenos demais para suas capacidades. Não avançam; estão sempre realizando menos do que podem. Saber onde se está, com suas competências, é, portanto, primordial para traçar o caminho correto.

Em uma viagem podemos definir qual o meio de transporte será utilizado. É possível ir caminhando, de bicicleta, carro, avião. O recurso que vamos utilizar vai impactar no tempo do deslocamento e também na experiência do viajante. Os recursos envolvem o planejamento, mas, antes, é preciso saber algumas informações: de onde se está partindo e quais os recursos disponíveis no momento.

Saber o local de partida é autoconhecimento; seguir em direção à meta é propósito. Neste ponto, o líder precisa ter a clareza do porquê quer chegar lá. Qual a razão mais profunda que faz você acordar mais cedo para alcançar tal meta?

Para motivar seu time, o líder precisa, primeiro, ser automotivado. Então, quando você define uma meta e tem um caminho a trilhar, qual é a razão pela qual você vai dar seu melhor para percorrê-lo dia após dia?

Esta é a importância do propósito: ser um ponto no horizonte, não um ponto de chegada. Após concluir a meta, o que faremos? Vamos ficar estáticos no mesmo lugar? O propósito é o impulso para continuar buscando novas metas, progredindo e se desenvolvendo.

Um propósito precisa se converter em visão de futuro ao responder às questões: o que eu quero conquistar? E em quanto tempo? Assim, o líder próspero pode equilibrar as áreas da vida definindo metas profissionais e pessoais. A harmonia dos dois polos é o que permite olhar para a própria vida e para as coisas que está produzindo e dizer: "Vale a pena meu esforço".

Com autoliderança, o líder cria o planejamento das ações que o levam a atingir suas metas. Nessa fase, ele deve enumerar os recursos que possui ou não. Muitos falham nesse ponto. Vamos ser sinceros, temos no Brasil uma cultura de planejamento?

Mesmo nas grandes empresas observamos ações que deram errado por falta de planejamento mais detalhado de cada uma das etapas. Quando saímos do ambiente das multinacionais e passamos para os pequenos negócios e a vida pessoal, a ausência de planejamento é ainda mais perceptível.

Sem ele, é fácil estagnar pelo caminho ou se perder e ir para a direção errada. A direção foi definida durante o processo de elaboração do propósito e da visão de futuro. As marcas no caminho, deixadas pelo planejamento, são garantia de que se está seguindo na direção correta. Essas marcas são momentos importantes. Nestes momentos, você faz uma avaliação de onde chegou e conclui se está indo na velocidade e no sentido correto para alcançar suas metas. O planejamento serve para criar um plano de ação sólido que torna possível concretizar a visão de futuro.

Ter autoliderança é traçar planos de ação para a vida.

A expressão-chave do planejamento é plano de ação – e não plano de intenção. Encontramos no caminho pessoas que não planejam nada, por isso não alcançam resultados. Também existem aquelas que até fazem planos, mas nunca partem para a ação.

Sem ação não se constrói resultados. A função do planejamento é estratificar o que precisa ser feito. Mas colocar tudo no papel e esperar dar certo não é autoliderança. É preciso agir e corrigir a ação quando os resultados obtidos forem insatisfatórios.

Um bom plano de ação pode ser desenhado a partir das perguntas certas. A primeira questão para iniciar o planejamento é: o que precisa ser feito? A resposta será sua meta, ou o que você busca atingir como resultado, o problema a ser resolvido. Entender "o quê" é definir a clareza do propósito.

Então, é preciso se questionar: por que tem de ser feito? Para manter sua motivação nas tarefas, é importante ter sempre em mente a relevância do que se deve fazer. Entender a importância, o motivo, serve para gerar o senso de urgência e para combater a procrastinação.

Próxima questão a ser construída no plano de ação: como vai ser feito? É nesse ponto que se descreve com mais detalhes as ações necessárias para chegar ao resultado esperado. Liste todas que são fundamentais no processo.

Neste momento, o ideal é que se consiga definir uma rotina com ações diárias a serem feitas para levar ao resultado esperado. Se for necessário adquirir um conhecimento novo, o inclua também. Por exemplo: "Iniciar curso de gestão de pessoas em maio". Quanto melhor for a descrição das ações, mais provável você conseguir realizá-las.

Seu plano de ação de autoliderança precisa ainda de um fator temporal para se concretizar. É a hora da pergunta: quando vou conquistar o que deve ser feito? O que você busca precisa de uma data a ser realizada. Sem ela, você não consegue dizer se está no caminho e na velocidade corretos. É algo para ser conquistado em um mês ou em dez anos? E, é claro, defina um prazo plausível.

Respondidas as questões e com o plano de ação pronto, é hora de começar a fazer o que precisa ser feito. Nessa hora a autoliderança gera um novo comportamento: o autogerenciamento.

Autogerenciamento é se observar e se cobrar em relação às ações que você se propôs. Elas estão sendo realizadas? Seguem o caminho correto? Perceba que essa habilidade permite que rotas sejam ajustadas o mais rapidamente possível.

Os resultados não estão saindo como esperado? Então é preciso voltar ao plano de ação e ajustá-lo. Observar quais são as falhas das ações propostas, analisar os resultados conquistados e elaborar um novo plano.

O líder próspero vai se autogerenciar constantemente. Ele é capaz de planejar ações e corrigir a rota sempre que necessário para alcançar os resultados almejados, tanto na vida pessoal quanto na profissional.

O trabalho do líder começa com a autoliderança.

Os quatro pilares da liderança

Em trinta anos de trabalho dentro de empresas, tive a oportunidade de ser ouvido nos palcos por mais de 3 milhões de espectadores. Compartilho o conhecimento que adquiri com os estudos de obras acadêmicas, com as minhas experiências e com minhas observações.

Conheci de perto empresas de sucesso e de alto desempenho. Mas três décadas de experiência me levaram também a empresas que não deram certo e desapareceram. Nestas páginas, organizei o que aprendi de melhor durante esses anos para ajudá-lo a ser o líder que gera resultados dentro das organizações: o líder próspero.

As lições apoiarão líderes experientes que sabem da importância de reciclar os conhecimentos para continuar a produzir resultados. Aos novos líderes, este livro servirá como caminho para conseguir entregar os resultados que a empresa espera de sua liderança.

Se você é um profissional que sonha ocupar um cargo de liderança, os comportamentos e mentalidades que compartilho são ferramentas essenciais para aproximá-lo de seu sonho. O empresário encontra aqui formas para criar uma equipe de alto desempenho e ferramentas para conceber fortes lideranças na empresa.

Este livro foi escrito a partir de um método alicerçado em quatro pilares que desenvolvi e aplico dentro das empresas. No desenvolvimento de lideranças, não existe fórmula mágica, e sim a metodologia correta para treinar. Nas palavras da escritora Clarice Lispector: "Que ninguém se engane, só se consegue a simplicidade através de muito trabalho". Acredito que as grandes mensagens chegam por meio de uma comunicação simples e acessível a todos. O próprio percurso da humanidade é a prova de como as histórias servem para ensinar o que precisa ser feito e transmitir valores.

A oralidade de narrativas, mitos e contos ajudou a construir grupos fortes e coesos em um propósito. Por isso, diversas vezes eu conto histórias que contêm em si um ensinamento importante para a construção de um bom líder.

O segundo pilar é a objetividade. Todos nós temos agendas lotadas. E eu respeito o tempo de meus clientes e leitores. Você chegou a este livro porque busca orientações e soluções, por isso os temas aqui serão tratados de forma direta, sem enrolação, direto ao ponto de cada assunto tratado.

O terceiro pilar é o conteúdo. Alguns líderes comentam comigo: "Alfredo, eu sou um bom líder, mas não estou conseguindo entregar resultados". Outros me dizem: "Eu já fiz isso antes, porém agora não estou mais conseguindo alcançar resultados". Quando olho para a trajetória deles, percebo que realmente são pessoas boas, que já tiveram um desempenho melhor no passado. Nesses casos, há conteúdo, porém está desorganizado. Conteúdo desorganizado acarreta confusão. As pessoas não conseguem decidir de forma correta, tampouco definir o que precisam fazer para chegar aonde querem. É preciso, então, se organizar com a finalidade de aplicar o conhecimento de forma prática no dia a dia.

O quarto pilar é a descontração. Aprender não precisa ser algo chato. Contar histórias bem-humoradas é uma das formas mais eficientes de conquistar o coração e a mente das pessoas. Por isso, ao longo deste livro, vou narrar anedotas de forma descontraída, com o objetivo de transmitir minha mensagem.

Agora que você sabe de onde estamos partindo, está na hora de começar a nossa jornada rumo à prosperidade.

Capítulo 1

Líder forte, empresa forte

"O desafio da liderança é ser forte, mas não rude; ser gentil, mas não fraco; ser ousado, mas não intimidar; ser pensativo, mas não preguiçoso; ser humilde, mas não tímido; ter orgulho, mas não arrogância; humor, mas sem tolice."

Regina Souza

Qual é o segredo do sucesso de uma empresa? Por que algumas dão certo, enquanto tantas outras fecham as portas? Quando faço essa pergunta às dezenas de empresários com quem tenho ou tive contato ao longo da carreira, recebo diversas respostas. Diretores, gerentes e supervisores não dizem nada diferente do que pessoas que não trabalham no meio corporativo.

Para a maioria, as principais razões para o fracasso são impostos altos, competição de produtos importados, funcionários incapacitados, ausência de capital para investir, falta de acesso à tecnologia, desconhecimento do perfil do cliente ideal e de gestão de negócios, budget limitado para marketing, incapacidade de bater metas de vendas, transformações rápidas do segmento – e, é claro, a crise do mercado.

Mas como explicaríamos a falência de grandes corporações? Empresas que foram líderes de mercado durante muitos anos, pareciam imbatíveis, possuíam clientes satisfeitos, tinham faturamento elevado, podiam contratar os melhores profissionais e tinham acesso à tecnologia de ponta. Qual é a verdade por trás do sucesso ou do fracasso de um negócio?

Sabemos que empreender no Brasil não é fácil. É unânime o sentimento dos empresários de que a carga tributária é muito alta. Contudo, se fosse um impedimento grave, não haveria uma empresa sequer funcionando no País. Tal como um cidadão comum que trabalha em média cinco meses para poder pagar os impostos dos produtos e serviços que consome ao longo de um ano, o empreendedor deve adequar orçamento e preço aos tributos nacionais.

Mas e os importados? É fato que alguns ramos sofrem mais concorrência que outros. Porém, existe a diferença entre preço e valor. Preço é quanto você cobra por um produto; valor é quanto o cliente percebe que o produto vale. Para o público perceber que seu produto vale mais do que o do concorrente, é preciso trabalhar na marca, levar experiências novas ao consumidor, mudar o posicionamento, atentar-se à embalagem. Marcas de luxo vendem produtos com preços muito acima do valor de custo. E, ainda assim, são desejadas por milhões de pessoas. Ou seja, preço não é causa da falta de resultado, correto?

Vejamos agora a visão empresarial. Muitos acreditam que baixos resultados é consequência de uma equipe mal capacitada. Sejamos sinceros: reclamar disso é cômodo, não muda em nada a atitude dos funcionários nem ajuda a empresa. Além disso, em nenhum outro momento da história tivemos tanto acesso aos melhores professores do mundo. Por meio do computador, é possível treinar, capacitar e desenvolver funcionários com alguns cliques. As gerações de hoje chegam ao mercado de trabalho com uma formação mais superior em relação às anteriores. Empresas investem cada vez mais em capacitação e, ainda assim, muitas fracassam. Não podemos culpar a equipe pelos resultados de uma organização, mas podemos considerar um problema recorrente dentro das empresas a falta de atenção das lideranças em capacitação correta.

"Não encontro investidores para o meu negócio." Quantas vezes não ouvimos isso? Trata-se de argumento típico de quem coloca no outro a responsabilidade de seu negócio, como nos exemplos dos impostos e da capacitação. É o que chamo de terceirização de responsabilidades. O primeiro investidor de sua empresa ou de seu projeto é você. O problema da falta de capital ou de apoio muitas vezes é desculpa de algum passo dado de forma precipitada. É necessário dar passos de acordo com o tamanho de sua perna. Se o empreendimento atender a uma real necessidade do cliente, gerar valor e tiver capacidade de escala, surgirão investidores interessados no negócio. Quando a empresa tem um plano de negócios sólido e próspero, outros irão participar para desfrutar de uma fatia do bolo.

E a tecnologia? Ora, cada vez mais ela se torna barata e acessível. Podemos enviar milhares de e-mails a potenciais consumidores por um custo mínimo mensal – existem plataformas gratuitas para gerenciamento da carteira de clientes e sistemas integrados com a finalidade de departamentos com valores mensais inferiores a uma conta de energia elétrica. Conseguimos construir sites, aplicativos e perfil nas redes sociais com custo zero. O problema é que algumas pessoas optam por não aprender a utilizar a tecnologia.

Durante anos, os taxistas dominaram o mercado de transporte privado. Sentiam-se confortáveis em suas posições. Então uma empresa criou um aplicativo para conectar motoristas privados com pessoas que precisavam se locomover. Ela não criou o celular nem a internet – apenas se utilizou de uma tecnologia disponível. A Uber teve visão estratégica para inovar; os taxistas, não. Todos nós temos acesso à tecnologia. A pergunta que você, líder, tem de fazer é: estamos utilizando-a corretamente?

E mais: é inegável que não conhecer o perfil do público causa problemas sérios. É muito comum um empreendedor ou executivo não conhecer o consumidor de seus produtos. Consequentemente, em vez de focar no público certo, tenta vendê-los para todo mundo. E com frequência acaba tomando decisões impopulares que não atraem novos clientes nem melhora os resultados da empresa. Vemos esse tipo de profissional todos os dias.

O produto ou serviço de uma empresa existe para resolver um problema ou satisfazer um desejo – alguns chamam de "sanar uma dor" do cliente. Porém, muitas corporações estão viradas para si mesmas. O proprietário ou CEO sustenta sua lógica na filosofia "uma boa ideia basta". Resultado: muitos líderes acabam se apaixonando por suas ideias, que podem até dar certo, e isso é um erro mortal. Você deve se apaixonar pelo seu cliente, entender seus pensamentos e sentimentos. Só assim será capaz de entregar o produto ou serviço que atenda às necessidades e supere as expectativas do público. Mas, então, por que isso é insuficiente para explicar o fracasso de uma empresa?

Imagine que você e seus colegas de trabalho estão jogando pôquer em um fim de semana. Porém, se proponha a imaginar que não conhece as regras – é uma novidade na sua vida, e a única coisa que você sabe é que o jogo envolve apostas em dinheiro. O que você faria? Você iria apostar todo o seu salário, por exemplo? Uma quantidade absurda de dinheiro?

Ao praticar um jogo, a primeira coisa que alguém deve se preocupar é entender as regras. É preciso compreender como as coisas funcionam. Antes de iniciar a partida, você provavelmente teria estudado ou ao menos pedido que alguém lhe ensinasse a dinâmica do jogo. Saberia que, quanto mais tempo levasse para aprender, mais dinheiro estaria arriscando.

O jogo corporativo não é diferente. O mercado tem regras. O atendimento ao cliente tem regras. O desenvolvimento de novos produtos tem regras. A boa gestão tem regras. E o empreendedorismo tem seu modo de operar. Tal como um jogador de pôquer iniciante, que pode ganhar no começo de uma partida, quanto mais tempo um profissional competir com outros mais experientes, maior é a chance de sair em prejuízo. O empresário que busca criar um negócio sólido, seja ele qual for, precisa aprender as regras ou contratar um líder que as conheça.

Toda empresa deveria reservar uma parcela do lucro para reinvestir no crescimento do negócio. Essa parcela depende de cada caso – e seu cálculo envolve fatores como maturidade do produto no mercado, capacidade de crescimento, concorrência, entre outros. A falta de budget é consequência mais de uma má gestão do que do orçamento em si.

A falta de dinheiro para investir é um efeito de mau planejamento, falta de controle de recursos e inexperiência.

Agora, vamos supor que um time de vendas esteja trabalhando duro, mas não consiga bater a meta. O problema está no departamento comercial? Não necessariamente. A razão pode estar na falta de capacitação da equipe, desconhecimento do mercado consumidor, precificação errada, campanhas de marketing improdutivas e metas superestimadas. A área de vendas é a boca que alimenta toda a empresa. Porém, se o resto do corpo não estiver em sintonia, a empresa morre de fome.

É importante ter em mente que qualquer organização faz parte de um sistema muito maior que envolve clientes, fornecedores, governo, globalização e tecnologia. Se ela se comportar como um organismo isolado, sem ouvir o resto da cadeia, será ultrapassada pelos concorrentes. A velocidade do mundo é muito mais rápida do que há três décadas e tende a acelerar ainda mais. As empresas detidas ao velho modo de fazer as coisas estão destinadas a perder espaço na nova economia. Na verdade, não basta apenas seguir tendências – se você faz isso, já está atrasado.

Você tem de se antecipar aos acontecimentos futuros e aproveitar as transformações do mercado para lucrar com elas. Lembre-se: elas só prejudicam quem não quer mudar.

Na nova economia, geramos mais riqueza do que em qualquer outro momento da história, mas todo crescimento é precedido por estagnação e ajuste de mercado. As crises econômicas são cada vez mais frequentes. Assim como o mercado financeiro mundial cresce e a produção de bens e serviços aumenta, a economia busca equilibrar-se depois de rápidos crescimentos. Em outras palavras, esbarramos em momentos de declínio econômico antes de crescermos novamente.

Nesse cenário, quantos negócios que você conhece continuaram a existir? Quantos tornaram-se prósperos? Os que não sobreviveram às crises foram aqueles que, durante os bons momentos econômicos, eram liderados por quem acreditava que nada iria mudar; que não precisavam mais entender o mercado, investir em gestão, treinar seus funcionários. Se a crise fosse a única responsável pelo resultado de uma empresa, em épocas de crescimento econômico, todas seriam bem-sucedidas. Mas a realidade é outra.

Isso não quer dizer que as causas apontadas por empresários não contribuem para o insucesso de empresas e equipes. Claro que essas situações comprometem resultados: deixam a organização menos competitiva e, ao longo dos anos, podem condená-la à falência. Mas não são a causa, e sim a consequência do verdadeiro problema: a má liderança. Empresas com líderes fortes estão aptas a contornar os desafios cotidianos. Uma boa liderança é capaz de direcionar os esforços da empresa e enfrentar desafios antes que seja tarde demais.

**Líderes ineficientes não sabem como agir.
E um barco com um capitão despreparado não
é capaz de atravessar tempestades.**

Os piores erros de um líder

Se a liderança é determinante para o sucesso de um negócio, precisamos entender os erros mais comuns de líderes no dia a dia. Eles vão influenciar o clima organizacional, ou seja, como os funcionários sentem-se em relação à empresa e aos resultados. Quando a empresa para de evoluir, ela fica para trás.

O primeiro equívoco é assumir a postura do "vencer pelo grito". Provavelmente, em algum momento da vida, todo mundo conheceu ou teve um chefe que, para inspirar a equipe ou impor autoridade, berrava ou constrangia os colaboradores, não é mesmo? Isso pode até gerar algum resultado no curto prazo; mas, com o tempo, prejudica a saúde de empresa – e dos funcionários.

No início, a tendência é de que as pessoas façam o que deve ser feito. Mas sejamos honestos: o desrespeito gera sensação de abuso e desmotivação nos liderados. Em pouco tempo, os resultados desaparecem. Lembre-se: um líder é tão bom quanto sua equipe. Ninguém faz nada sozinho.

Outro erro é ser um líder tirano. Quantas vezes você ouviu a frase "Manda quem pode, obedece quem tem juízo"? Ela é típica de quem quer ditar e controlar absolutamente tudo o que se passa dentro da empresa. Porém, é impossível possuir uma noção completa, por mais inteligente que uma pessoa seja. Além disso, ter o desejo de determinar constantemente o que precisa ser feito é o caminho certo para criar uma equipe incapaz de resolver problemas. Equipe fraca, líder fraco.

O terceiro erro é não explicar a razão por trás das tarefas. Todo ser humano sente-se mais motivado quando sabe por que está fazendo aquilo que lhe foi solicitado. Esperar que alguém realize uma atividade só porque recebeu ordens é atitude de quem não enxerga a diferença entre máquinas e pessoas. Explicar a importância de uma incumbência conecta a equipe com as diretrizes da organização, engaja-a no trabalho, elucida seu valor e a motiva, gerando bons resultados.

Há um ditado que diz que temos duas orelhas e uma boca: para ouvir mais e falar menos. Infelizmente muitos líderes não praticam esse ensinamento. Quando o líder está perante a sua equipe, recomenda-se não falar sem interrupção, e sim garantir que as diretrizes fiquem claras para todos, sanar dúvidas e se mostrar disponível para ajudar a resolver os problemas que surgirem. Ele deve saber ouvir, estimular a equipe a fazer perguntas e também repetir o que foi dito para garantir clareza.

Você deve conhecer alguém que nunca admite estar errado? Eis outro erro muito comum. Como seres humanos, precisamos admitir que estamos sujeitos a equívocos. Vivemos em processo de melhoria contínua: fazemos, erramos, aprendemos com os erros e melhoramos. Essa é nossa jornada dentro e fora das organizações. Quando você admite que se enganou, demonstra humildade e empatia. Todo mundo sente mais confiança em quem reconhece os próprios erros do que em quem acredita que está sempre certo, mesmo quando não está.

Um dos tipos mais nocivos de liderança é a coercitiva, isto é, aquela em que o líder sempre ameaça alguém – funcionários, fornecedores, colegas de trabalho etc. – para conseguir o que quer. Além do impacto negativo nos resultados, essa postura coloca a empresa em risco, a qual pode ser processada judicialmente por assédio moral aos funcionários. Ou seja, esse tipo de líder desses é inadmissível.

Há também aqueles que colocam seus interesses acima de toda a organização. Suas ações são manipuladoras, visando ganhos tangíveis ou intangíveis. Esse é o tipo de líder que não serve a ninguém, apenas a si mesmo.

Existe também o líder que, quando vira as costas, é chamado de "o mentiroso". Promete ganhos financeiros, promoções de cargo ou recompensas com a finalidade de instigar a equipe a produzir mais. Se a empresa possui um programa de bônus ou recompensas por desempenho, o correto é dizer claramente quais são. Bons líderes não prometem o que não podem. Os liderados irão cobrá-lo e, se não forem atendidos, terão o nível de comprometimento, a confiança e o desempenho afetados.

O mundo atual é altamente tecnológico e dinâmico, por isso as mudanças acontecem com celeridade; isso exige que empresas inovem para se manterem competitivas. Para isso, deve-se investir em um espaço de trabalho mais favorável. Alguns líderes, no entanto, condenam a criatividade. Não acreditam que funcionários possam oferecer boas soluções para resolução de problemas e por isso as critica. Esse tipo de liderança está guiando a empresa ao precipício da obsolescência.

Outra categoria terrível de líder é aquela que foge de conflitos. Estes podem favorecer a geração de ideias, mas, em contrapartida, também podem se tornar uma bomba prestes a explodir em um departamento. Ignorar ou fazer vista grossa para atitudes antiéticas é uma das características inerentes a uma liderança despreparada.

Infelizmente, tais comportamentos são praticados todos os dias em muitas empresas. Se um empresário atribui o fracasso à capacitação de funcionários, o que podemos dizer da incapacidade de liderança? Não pode haver dúvida: a liderança é quem traça a rota da empresa. É a responsável pela implementação – com êxito ou não – das iniciativas que definem o futuro da corporação. Um líder ruim apresentará resultados ruins.

Liderança: fator decisivo

Uma empresa não é muito diferente de um país. É um microambiente: reflete hábitos, costumes, crenças e posturas da sociedade na qual está inserida. Quando vemos boas práticas em uma organização, podemos observar também que ela conta com uma cultura positiva, voltada à excelência, à melhoria contínua, à boa gestão.

Toda empresa deve compreender o macroambiente em que se encontra. Compreender como os consumidores da sua região se comportam, o que valorizam e os motiva é essencial para um bom desempenho, mas não para bons resultados.

Não à toa, se você analisar duas sedes diferentes de uma mesma organização do interior de um estado, perceberá que quase sempre há diferenças no fluxo de caixa, no clima organizacional, na capacidade de inovação, no comprometimento de funcionários, na gestão de recursos, no crescimento, no índice de desperdícios. A mesma empresa, as mesmas diretrizes, os mesmos processos, mas resultados diferentes. Por que será?

Ao comparar números, empresários ficam sem entender por que uma produz tanto ao passo que a outra não consegue bater a meta. Não há segredo: ainda que adotem os mesmos processos, têm diferentes pessoas. Acima de tudo, diferentes lideranças. A liderança é a responsável por diferentes resultados, seja entre sedes, departamentos e concorrentes. Mas quais são os tipos de liderança que podemos encontrar nas corporações? Vejamos a seguir.

- **Liderança estratégica:** é responsável pelos planos de longo prazo e pela sobrevivência da empresa no futuro. Nem todas as pessoas possuem a característica de uma visão estratégica: imaginar como o negócio será daqui alguns anos, analisar as tendências futuras, os impactos tecnológicos e legais, a influência do macroambiente na organização. Muitas empresas vivem apenas no presente, sem criar planos concretos para o futuro. Quando ele chega, são pegas de surpresa, e logo seu produto ou serviço não atende mais ao mercado consumidor. Uma empresa existe para servir a seu cliente. Se aquilo que produz não cumpre essa finalidade, ela perde a razão de ser. Essa liderança corresponde aos fundadores e diretores da empresa, que precisam entender qual será o papel da empresa nos próximos anos.

- **Liderança tática:** é quem desmembra os desejos dos sócios e diretores em planos concretos que possam ser transmitidos para toda a organização. Esses planos garantem que a empresa siga na direção desejada. Devem ser claros, coerentes com a visão estratégica e acompanhados para que sejam feitos os ajustes necessários sempre que preciso. Corresponde aos gerentes da organização, os líderes responsáveis por fazer a ponte entre o desejo dos sócios e o futuro – por meio de metas organizacionais adequadas.

- **Liderança operacional:** certifica-se de que tudo o que foi proposto pela liderança estratégica será realizado. São os líderes do dia a dia. Aqueles que precisam garantir as metas de produção diária, as metas de vendas, evitar desperdícios, captar novos clientes etc. Seu trabalho é alcançar as metas por meio de um plano de ação, que deve contar o que precisa ser feito, como deve ser feito, quem faz, por que faz e quando. A liderança operacional é composta por supervisores e coordenadores.

Os três tipos de liderança de uma organização realizam funções diferentes dentro da estrutura, porém todos precisam desenvolver habilidades de liderança. A aplicação de tais habilidades é a chave para a criação de um negócio próspero – e lucrativo.

> **As empresas nascem e se desenvolvem em função de suas lideranças. E uma empresa nunca será maior nem mais firme do que as pessoas que a lideram.**

Capítulo 2

A liderança como chave para o sucesso

"Liderança é uma ação, não uma palavra."
Richard P. Cooley

Lee Iacocca começou a trajetória na Ford Company como engenheiro, sua área de formação, em 1946. Depois de um tempo, solicitou transferência para o departamento de vendas e marketing. Nele, promoveu uma campanha de descontos com resultados tão bons, mas tão bons, que foi convidado para atuar na sede da empresa – sua carreira daria uma guinada. Em 1967, Iacocca tornou-se gerente e vice-presidente de uma das divisões da Ford. Três anos mais tarde, alcançou o posto de CEO. Durante esse período, foi responsável por lançamentos como o Mustang e o Escort. Porém, em 1978, devido a uma divergência com Henry Ford II, neto do líder fundador da Ford, acabou demitido. Acumulava trinta e dois anos de trabalho na companhia.

Para muitos líderes, demissão representa uma grande ruptura na carreira. Anos de trabalho prestados e, de repente, alguém coloca um ponto-final na história, como ocorreu entre Lee Iacocca e a Ford.

Àquela altura, ele poderia ter considerado a possibilidade de se aposentar. Havia alcançado o ponto mais alto dentro de uma organização, que ajudou a crescer por décadas. Isso tem um significado: ele conquistou sucesso profissional. Mas Iacocca queria fazer mais. E o mercado costuma reconhecer as competências de um líder de sucesso.

No mesmo ano, 1978, a Chrysler o convidou para presidir a empresa. A companhia atravessava seu pior momento na história – vendas baixas e prejuízos financeiros. Iacocca encarou o desafio. Quando se aposentou, em 1992, tinha os melhores resultados da história da companhia.

Um líder de sucesso precisa ter a capacidade de tomar decisões assertivas. Na vida profissional de Lee Iacocca, podemos afirmar que a primeira escolha difícil foi sair da engenharia e seguir para a área de vendas e marketing. Quantas pessoas conhecemos que têm a coragem de abandonar a área na qual dedicaram vários anos de estudos para começar algo completamente novo?

Os bons líderes costumam ir atrás das oportunidades importantes. É necessário ter iniciativa – característica essencial –, e não ficar esperando que, sem esforços, apareça algo para mudar sua carreira.

Outro atributo indispensável é a capacidade de assumir riscos e manter-se no controle. Muita gente pode pensar que é arriscado iniciar uma nova empreitada. Mas existe risco maior que ficar em uma área na qual você é infeliz ou improdutivo? Iacocca percebeu isso cedo em sua profissão. Assumiu as rédeas da carreira, sem esperar que a empresa ou o mercado decidisse por ele. Decisões assertivas são pontos de virada na trajetória de um líder de sucesso. Se tivesse se aposentado em 1978, Iacocca seria conhecido como o presidente demitido da Ford, e não como o líder que salvou a Chrysler da falência.

A razão do sucesso ou do fracasso de uma empresa é a qualidade de seus líderes.

O problema é que, muitas vezes, o medo de errar nos impede de tomar decisões importantes. Ficamos paralisados e esperamos o momento ideal para agir.

Mas ele nunca chega.

Então, ficamos estagnados.

Líderes prósperos criam momentos ideais por meio de sua liderança e de seu trabalho constante.

Veja a história de Walt Disney. Seu legado é tão grande que, além dos parques espalhados em várias cidades do mundo, os estúdios Disney são donos de grandes marcas do mercado, como a Marvel, a ESPN, a Pixar, a Lucasfilm, a 20th Century Fox, entre outras. Porém, antes de se tornar mundialmente conhecido, Disney passou por poucas e boas.

Ele nasceu em 1901. Iniciou a carreira como desenhista em uma pequena agência de publicidade. Fazia cartazes para filmes. Foi nessa pequena agência que conheceu Ub Iwerks, seu parceiro na criação do Mickey. Logo no início da vida profissional, Disney deparou-se com seu primeiro desafio: a demissão. Sem emprego, mas com vontade e capacidade, com Iwerks fundou uma empresa para a venda de anúncios para jornais e revistas. Mas empreender não é fácil, e o sonho teve que ser deixado de lado devido a obstáculos financeiros. Disney aceitou emprego em uma agência, a Kansas City. Como Ub Iwerks não conseguia gerenciar o negócio dos dois sozinho, decidiram fechar a empresa.

Na Kansas City, Walt Disney teve contato com as animações. Isso mudou sua vida. Quando ele decidiu sair do emprego, criou seu primeiro estúdio de desenho animado. O empreendimento começou a dar certo, crescer e contratar funcionários. Disney se deparou com tantos problemas de gestão de negócios que acabou fechando as portas mais uma vez.

Vamos recordar: toda grande empresa é formada por grandes líderes. O jovem Walt Disney não contava com a experiência necessária para administrar todo o negócio, mas seus tropeços o ensinaram a se tornar cada vez melhor.

Ele, então, mudou-se para a Califórnia. Junto ao irmão Roy, iniciou a Disney Brothers Studios. Na terra do cinema, Walt Disney experimentou seus primeiros sucessos. Primeiro com Alice Comedies [*As comédias de Alice*]. Na esteira, veio Oswald, The Lucky Rabbit [*Oswald, o coelho sortudo*]. O empresário foi percebendo que os negócios estavam decolando. Decidiu que era a hora certa para ganhar mais. Entretanto, quando foi checar o contrato com a produtora parceira descobriu que seus serviços eram como equipe de animadores, apenas. Disney não tinha direito autoral algum sobre o personagem Oswald.

Ele precisava de um novo personagem. Foi assim que ele e Iwerks criaram o ratinho mais famoso do mundo: Mickey. Depois do Mickey, veio o longa-metragem de animação Branca de Neve, outro grande sucesso dos estúdios. Com a eclosão da Segunda Guerra, entretanto, mais uma vez Disney seria afetado economicamente.

As experiências ao longo dos anos moldaram sua liderança. Ele havia se recuperado de momentos difíceis e, por isso, sabia o que poderia e deveria fazer. Juntou os escassos recursos que possuía e filmou Cinderela, que se tornou sucesso e alavancou mais uma vez o faturamento do estúdio.

Walt Disney teve dois outros empreendimentos antes de criar, junto com o irmão, a Disney Brothers Studios. Dois empreendimentos que não foram bem-sucedidos antes que ele amadurecesse. Para, só então, prosperar. Seja no sucesso, seja no fracasso das empresas, o líder é o responsável. Os tropeços e dificuldades enfrentadas por Disney o transformaram em um líder melhor e mais preparado, capaz de superar a perda de grande parte da sua equipe, do produto que criou, de seus negócios – e começar tudo de novo.

Walt Disney e Lee Iacocca lideraram empresas no passado, mas eram visionários e estavam à frente de seu tempo, tornando-se paradigmas para empresários de hoje. Mas como eram os líderes de sua época, há vinte ou trinta anos atrás? O que era valorizado dentro das organizações e como isso mudou?

O líder do passado

Os tempos mudaram e toda mudança exige uma adaptação. Popularmente, temos uma frase que ensina muito para essas horas: "Não é o mais forte que sobrevive nem o mais inteligente, mas o que melhor se adapta às mudanças". A forma de administrar empresas e pessoas não é mais a mesma – e é preciso se atualizar.

Há duas teorias vigentes sobre gestão de pessoas no meio corporativo brasileiro. A primeira acredita que ninguém gosta de trabalhar e, por isso, os funcionários precisam ser pressionados a assumir responsabilidades. Uma visão bem negativa sobre o trabalhador, não é mesmo? Em contrapartida, a segunda defende que o trabalho é tão natural quanto o lazer. O ser humano é criativo e pode se autogerir, produzindo mais e melhor sem estresse e ansiedade.

Qual dessas teorias lhe parece mais coerente? É possível que você consiga apontar histórias que se enquadram em ambas, certo? No entanto é preciso levar em consideração que elas não refletem só o comportamento de trabalhadores, mas também o de suas lideranças.

Se os líderes de uma empresa punem de maneira severa os erros da equipe, é óbvio que ela não será criativa. Porém, há quem transfira a responsabilidade apenas aos funcionários, em vez de admitir que o ambiente não é propício para a inovação e solução de problemas. Além disso, em um grupo gerenciado por um tirano, jamais será possível observar se as pessoas são capazes ou não de administrarem suas tarefas, pois há sempre alguém dizendo a elas o que fazer.

A realidade é que o ambiente externo muda de forma mais rápida que as pessoas dentro das organizações. Funcionários, supervisores, gerentes, diretores e empresários precisam compreender o momento atual para conseguirem desempenhar uma liderança moderna; do contrário, não alcançarão os resultados. Existem duas palavras mágicas para o líder de hoje: informação e mudança.

Você sabia que seu celular possui mais tecnologia do que a que foi usada no foguete que levou o homem para a Lua? Toda essa tecnologia dá acesso quase imediato a informações de qualquer lugar do planeta. Consequentemente, isso está transformando o mundo corporativo.

Durante minha infância em Limeira, interior de São Paulo, ainda não era possível acessar uma informação por meio de alguns cliques. Era necessário fazer as perguntas certas às pessoas certas, pesquisar em bibliotecas, gastar dias lendo até encontrar o material que resolveria a questão. Se alguém tivesse uma dúvida, um problema a ser resolvido ou um trabalho escolar a ser entregue, precisava se dedicar muito para ir ao encontro do conhecimento que diferenciava os que progrediam dos que ficavam inertes.

Ao abrir uma rede social visualizamos dezenas de informações: onde nossos amigos passaram o fim de semana, o que estão comendo, o que estão pensando, que vídeos estão assistindo. Em segundos, um site de notícias diz o que está acontecendo em todo o mundo nos âmbitos da política, da economia e do entretenimento, não se restringindo apenas à cidade em que vivemos. Da mesma forma, por meio da internet é possível estudar com os melhores professores, ter acesso às novidades tecnológicas e aprender sobre qualquer tema sem sair de casa.

Mas nem por isso a vida tornou-se mais fácil. Surgiram outros problemas. Muitas pessoas ficam simplesmente paralisadas perante o grande volume de informações, sem saber por onde começar. Eis o decreto de morte de muitos negócios. Agora, em poucos anos, o que funcionava não serve mais. A transformação digital vem modificando os modelos de negócios e o comportamento do consumidor. Na corrida para atender a clientes, empresas buscam inovar – mas suas lideranças não foram preparadas para um mundo em constante mudança.

Antes, era comum uma estratégia empresarial durar dez, vinte ou trinta anos. Hoje é impossível prever como será o mercado daqui a cinco anos. Muitos postos de trabalho deixarão de existir. Outros surgirão. Profissões que desconhecemos aparecerão para atender a uma demanda do novo mercado. Lideranças serão necessárias para conduzir a transição da organização para o futuro.

Não podemos continuar a selecionar, planejar e executar as atividades da mesma forma. Afinal, isso não garantirá a sobrevivência da corporação em um mundo ágil como o nosso. Antigamente, por exemplo, alguém era promovido a líder com base em três critérios: tempo de casa, habilidade técnica e honestidade.

O primeiro é um critério lógico, quando visto de um único aspecto. Um funcionário com tempo de casa conhece a empresa e seus valores, possui uma rede de relacionamentos dentro da organização que pode facilitar sua tarefa como líder. Mas é o suficiente? Já ouviu aquela frase "Eu tenho trinta anos de experiência"? Tem muita gente que valoriza sua trajetória, mas é preciso considerar os resultados.

Há aqueles que estão na empresa há décadas, porém, se for analisar a experiência acumulada, não passa de um ano. É comum encontrar colaboradores que, assim que entraram na empresa, esforçaram-se para aprender e realizar o melhor trabalho possível. Porém, ao dominar sua função, estagnaram. Conclusão? Passou vinte e nove anos apenas repetindo as mesmas coisas que aprendeu no início de carreira. Em um mundo ágil, precisamos de líderes em constante processo de aprendizado e dispostos a colocarem em prática o que foi aprendido.

É importante saber realizar bem sua função. Toda empresa de sucesso precisa de bons técnicos, porém um bom líder não é necessariamente aquele que possui habilidades técnicas. É claro que é importante conhecer a função que seus liderados executam. Isso permite que o líder ajude funcionários menos experientes e oriente sobre qual é a melhor forma de se fazer o trabalho. Mas, quanto mais alto o cargo de liderança, menos técnico e mais estratégico precisa ser seu pensamento.

Como vimos, há três posições ocupadas pelos líderes de uma empresa: operacional, tático e estratégico. Para o líder operacional, o domínio técnico é importante; para os líderes tático e estratégico, não. Porém, no seu lugar, eles devem desenvolver outras competências, como gestão de equipes e habilidades comportamentais. Muitas empresas promovem bons técnicos a líderes e perdem duas vezes: um bom técnico e um líder. Buscar as qualidades necessárias para a liderança e desenvolvê-las nos funcionários antes de promovê-los é mais eficiente que apenas promover o bom técnico.

Por fim, há quem considere a honestidade qualidade determinante para transformar um funcionário em líder. É claro que ela é essencial, mas para todos os membros de uma organização. Só que ela, por si só, não é necessária para garantir um bom desempenho.

Recompensar funcionários por tempo de casa, habilidades técnicas e honestidade é recomendável e vantajoso para a empresa como um todo, contanto que não seja uma promoção a líder. No passado, as pessoas tinham mais tempo para desenvolver as capacidades necessárias para construir uma liderança positiva. Agora, devemos continuar a valorizá-las, mas só elas não são garantia de prosperidade.

Mentalidade do líder do passado

Com o passar do tempo, não foram somente as razões para uma promoção que mudaram. A mentalidade de líderes do passado também não são mais compatíveis com as organizações de hoje. Antes de se fazer algo, é preciso pensar sobre o que será feito. O pensamento gera um sentimento, que motiva o que deve ser feito – amor, desejo, coragem – ou é antagônico a ele – medo, desânimo, covardia. Essa energia pode levar a uma ação ou à paralisia. Por isso, se "liderança é ação", como disse Richard P. Cooley, é preciso desenvolver a mentalidade correta para produzir uma ação correta, gerando resultados positivos em direção às metas da organização e da equipe que você lidera. Para tanto, você deve abrir mão de crenças retrógradas.

"Quero ser líder para ganhar mais." Essa fala é típica de quem só se preocupa consigo mesmo e, portanto, não deveria liderar uma equipe, muito menos uma empresa. Uma organização precisa de líderes preocupados com as necessidades coletivas, não apenas com o salário no fim do mês. Isso é uma mentalidade antiga. Era muito comum o cônjuge perguntar: "Quanto você vai ganhar?". Provavelmente o salário será maior, mas seu rendimento estará intimamente ligado ao desempenho. O líder improdutivo é notado dentro da empresa, e é o primeiro a ser cortado quando os resultados não chegam.

Há também o mindset preguiçoso: "Quero ser líder para trabalhar menos". Um grande engano de muitos que não chegaram a um cargo de liderança. Se você já é um líder, sabe que trabalha mais do que quando era apenas subordinado. Se você está se preparando para assumir um cargo de liderança no futuro, saiba que irá trabalhar mais.

Quanto mais você sobe na hierarquia de uma empresa, mais trabalha.

Não se engane: a pessoa que mais trabalha dentro de uma empresa é o dono ou o presidente. Além de desempenhar a função de líder, oferece suporte para a equipe e também responde a outros líderes acima dele. Muita gente diz: "O dono da empresa não tem chefe". Na verdade, o dono da empresa é quem tem mais chefes, e cada cliente da empresa manda no empresário. Sem contar que é o maior responsável pelos resultados da empresa.

Lembra quando falamos dos piores erros de um líder? O líder coercitivo tem a mentalidade de "aqui quem manda sou eu". Já ouviu algum líder de empresa repetindo isso? Cuidado! Esse é o tipo de líder com quem ninguém quer trabalhar junto. Uma empresa é formada de pessoas. E o resultado de um líder é tão bom quanto o das pessoas que formam a equipe. A mentalidade do "quem manda sou eu" contribui para o fracasso das organizações. Pior, é extremamente antiga, típica de uma época em se acreditava que bastava mandar para ser obedecido.

Há também quem acredita que, ao chegar a uma determinada posição de liderança dentro da empresa, todas as portas do conhecimento lhe foram abertas. Repetem frases como "Agora eu sei mais que os outros" ou "Agora eu sei coisas que eu não sabia no passado". Quem acha que sabe tudo está em um caminho muito perigoso, pois para de aprender. É necessário continuar aprendendo. É por isso que, não raro, quando alguém é promovido, os outros comentam: "Fulano perdeu a humildade depois que virou líder". O humilde mantém os pés no chão, sabe suas origens, conhece suas habilidades e suas fraquezas – como Sócrates, o filósofo da Grécia Antiga, autor da frase "Só sei que nada sei"; essa é a postura de quem sabe que, mesmo estudando a vida toda, tem sempre algo a aprender.

As organizações precisam de lideranças dispostas a aprender, desaprender e aprender de novo. A mentalidade fixa é o maior perigo para o futuro das organizações.

Se pensar dessa maneira, com certeza terá problemas. Infelizmente, muitas empresas brasileiras cultivam essa mentalidade. Se dentro de uma organização há funcionários que não gostam de trabalhar, que não assumem responsabilidades, que não veem a hora do fim de semana chegar, olhe atentamente e verá que a empresa está contaminada com mentalidades do passado. Grande parte das pessoas não troca de empresa – e, sim, de líderes. A liderança mais próxima influencia positiva ou negativamente a vida do trabalhador e a execução das tarefas do funcionário no dia a dia.

Na maioria das vezes, a mentalidade do líder é a razão por trás de uma equipe sem criatividade, iniciativa e comprometimento.

Capítulo 3

Liderar hoje

"O líder é alguém que nos inspira a não apequenar a vida, o trabalho, a empresa, a comunidade, a nação, o mundo."

Mario Sergio Cortella

Uma boa liderança não se comporta segundo as quatro mentalidades que abordamos: "Vou ganhar mais", "Vou trabalhar menos", "Agora eu mando", "Agora eu sei". Precisamos de novas mentalidades para os novos tempos. Há três características fundamentais para a liderança nos dias de hoje, as quais devem ser observadas para a contratação e promoção de futuras lideranças empresariais.

Se você busca atingir um cargo de liderança no futuro, fique atento a essas características. Elas vão ajudá-lo a se destacar dentro da empresa. Se você já ocupa um cargo de liderança, e sabe da importância de estar em constante aprendizado, observe seus comportamentos e avalie francamente quais características você precisa desenvolver. Em um mundo de constante mudança precisamos estar em constante evolução.

Para qualquer evolução pessoal, primeiro faz-se necessário reconhecer o que precisamos desenvolver e colocar nossa atenção nesse ponto. Muitas vezes o que nos impede de chegar ao resultado desejado é um pequeno ponto fraco comportamental ou técnico que ignoramos. Todo grande líder precisa buscar o autoconhecimento.

Inspirar

Inspirar é a primeira característica fundamental da liderança do século XXI. Faltam importantes lideranças políticas no mundo, faltam lideranças religiosas, faltam lideranças nas instituições educacionais, faltam líderes nas empresas, faltam líderes comunitários – em todas as áreas importantes para a construção de uma sociedade organizada, justa e próspera, percebemos a ausência de lideranças. Quando falo isso não me refiro a lideranças legítimas: essas continuam a existir, pois são necessárias para organizar as estruturas.

O líder legítimo é aquele que ocupa um cargo de liderança dentro de uma organização. Um gerente, um supervisor, um sacerdote, um político, um professor, todos são líderes legítimos: ocupam uma posição de liderança outorgada a eles por meio de algum processo de admissão para o cargo.

Para a sociedade, essas pessoas são líderes. Mas, ainda assim, com tantos líderes legítimos, elas continuam buscando verdadeiras lideranças. Isso porque o líder que as pessoas querem não é líder pelo cargo que ocupa, é líder porque é capaz de inspirar quem está ao seu redor.

A liderança que falta nos dias de hoje é a liderança inspiradora. Buscamos políticos, religiosos, professores, amigos, familiares, empresários que nos inspirem. A sociedade precisa de pessoas capazes de inspirar as outras, e, na ausência de verdadeiros líderes inspiradores, elas seguem aquele que se apresenta como solução. A ausência de lideranças que inspiram faz com que, sem opção a quem seguir e precisando de uma direção, as pessoas aceitem lideranças de charlatães, aquelas incapazes de melhorar a situação e interessadas apenas no benefício próprio.

Como é possível inspirar os outros? Inspiramos as pessoas de duas formas: por meio de ideias e de ações.

As ideias são duradouras. Uma boa ideia é capaz de contagiar centenas, milhares, milhões de pessoas – e de impeli-las a fazer algo diferente. Uma ideia, quando compartilhada, não o deixa mais pobre; pelo contrário, a troca de ideias enriquece quem dá e quem recebe. Uma das palavras mais ouvidas no momento atual é compartilhar – afinal, vivemos na era do compartilhamento e compartilhar boas ideias é essencial se quisermos transformar positivamente as organizações das quais fazemos parte e a sociedade na qual estamos inseridos.

Quando o grande líder Martin Luther King Jr. disse "Eu tenho um sonho", essa era uma grande ideia: que seu país, os Estados Unidos da América, fosse livre da segregação racial, que brancos e negros tivessem os mesmos direitos. Eis sua ideia e sua luta.

Martin Luther King Jr. poderia apenas ter essa ideia, poderia espalhar essa ideia para inspirar outros na mesma luta que ele e poderia, como fez, agir pela ideia que acreditava. O que mais inspira as pessoas ao redor do mundo são as ações de outras pessoas. Alguém que luta pelo que acredita, alguém que faz algo em vez de reclamar da situação. As ações de Luther King contra a segregação racial por meio de protestos e a prática da não violência foram inspiradas por outro grande líder, Gandhi.

Gandhi conseguiu a independência de seu país, Índia, seguindo os princípios que acreditava: a não violência. Sua ação foi capaz de inspirar milhões de indianos a seguirem sua causa e se mobilizarem contra o governo inglês. Sem se levantar em armas, conseguiu a independência indiana. Quando um jornalista perguntou a Gandhi qual era sua mensagem ao mundo, este respondeu: "Eu não tenho mensagem, minha mensagem é minha vida". Frase saída da boca de um grande líder, um homem que tinha uma das maiores características que um líder pode possuir: inspirar pessoas por meio do exemplo.

Contam que certa ocasião Jesus e o discípulo Pedro saíram para fazer uma caminhada depois de uma forte tempestade. Seguindo pelo caminho, eles observaram uma carroça atolada na lama. O cavalo fazia uma força tremenda para tirar a carroça do buraco, e o dono da carroça estava de joelhos rezando e pedindo as bênçãos de Deus. Pedro pensou: *Esse homem tem sorte; ele rezando para Deus e o filho dele aqui.*

"Jesus, vamos ajudar", disse Pedro.

"Não, vamos seguir", respondeu Jesus.

"Senhor, ele está rezando... É um bom homem", falou Pedro, indignado.

Jesus não respondeu, apenas seguiu em frente. Pedro foi atrás, pisando duro.

Mais à frente no caminho, encontraram outra carroça atolada até o eixo. O cavalo fazia força para tirar a carroça do buraco. O dono dela, em vez de rezar, xingava, falava palavrão. Xingou até Jesus e Pedro que passavam.

"Vamos ajudar", disse Jesus.

"O outro era um bom homem, estava rezando e não fizemos nada. Esse aí está xingando, nos ofendeu e vamos ajudar?"

"O que ele fala não vale. O que vale é o que ele faz."

O homem xingava, mas estava com o ombro debaixo da carroça, esfolado e se esforçando.

Eles ajudaram. O homem agradeceu e foi embora.

Devemos rezar aqui na Terra como se tudo dependesse de Deus, mas precisamos agir e fazer o que tem que ser feito como se tudo dependesse de nós. Aí, sim, as bênçãos acontecem.

Influenciar

A segunda característica essencial para um líder nos dias de hoje é a capacidade de influenciar, ou seja, de despertar nas pessoas a vontade de querer fazer. Dentro das organizações é comum encontrarmos liderados que sabem fazer uma tarefa, mas não a estão fazendo. Ou, pior: a realizam de qualquer jeito, sem esmero, sem cuidados. O resultado é um trabalho medíocre entregue aos clientes.

Vamos entender primeiro o que um funcionário precisa ter para realizar um trabalho. Conseguimos realizar uma tarefa quando temos as competências necessárias para aquilo que nos foi proposto. Uma competência é a junção de três palavras, conhecidas nas áreas de treinamentos por CHA.

O CHA que a gestão de pessoas trata ao avaliar as competências de um funcionário não é a bebida. A infusão de ervas em água quente pode ser consumida no início da manhã, durante a tarde ou ao deitar-se. O CHA dentro das organizações é algo que precisamos consumir toda hora. O CHA ao qual me refiro, e que é de suma importância para a liderança compreender, é um acrônimo para: Conhecimento, Habilidade, Atitude.

Conhecimento é aquilo que sabemos. Consideramos a técnica necessária para executar uma tarefa. Se o líder solicita o preenchimento de uma planilha de Excel e o trabalho exige a aplicação de fórmulas que o funcionário desconhece, a tarefa não pode ser concluída até que o encarregado pela função adquira tal conhecimento. A liderança pode presumir que o subalterno sabe o que fazer – mas ele não sabe. Tal conclusão equivocada pode ser consequência de duas razões: em algum momento o funcionário mentiu dizendo saber fazer ou presumiu que sabia por não entender a complexidade da tarefa; ou a liderança concluiu que o funcionário sabia fazer por julgar que tal conhecimento era comum para o dia a dia da empresa.

Habilidade refere-se à aptidão para fazer algo. Dois funcionários podem conhecer a mesma fórmula do software Excel, porém ter habilidades diferentes ao utilizar uma planilha. Para um, a planilha pode fazer parte do uso contínuo, enquanto o outro raramente utiliza a ferramenta. Adquirimos habilidade com a repetição: em geral, quanto mais fazemos algo, mais velocidade obtemos.

O desenvolvimento das habilidades é observado em equipes esportivas de alto desempenho. Reúna um time campeão, jogadores que têm conhecimento do esporte, sabem fazer bem seu trabalho: ainda assim todos treinam constantemente. A morosidade ou procrastinação para um funcionário realizar algo pode estar relacionada à falta de habilidade. Ele está fazendo, mas não na velocidade esperada pela empresa.

Atitude é o desejo de querer fazer. Como líder, você pode se deparar com pessoas detentoras do conhecimento necessário para realizar determinada tarefa, elas a fizeram repetidas e diversas vezes, no entanto chegam ao ponto de não entregarem mais resultado. Sem atitude (a terceira letra do CHA), sem o querer fazer, as coisas não são feitas.

Muitos defendem que atitude é o principal componente do CHA. Afinal, se uma pessoa não conta com o conhecimento para fazer, mas tem atitude, vai buscar o conhecimento. Ela pode pesquisar em livros, fazer cursos, aprender com pessoas que sabem fazer. O conhecimento pode ser buscado de diversas maneiras desde que se tenha atitude para ir atrás.

A atitude também propicia o desenvolvimento da habilidade. Uma vez que ela é resultado de repetição, se alguém quer ficar bom em algo, precisa dedicar-se horas praticando até seu nível de habilidade alcançar um grau suficiente para executar com excelência o que foi pedido.

Atitude possibilita, portanto, a aquisição dos outros dois componentes necessários para realização de um trabalho. O líder precisa estar consciente disso. Para desenvolver a atitude dos funcionários, sua capacidade de influência como líder é fundamental. Sem atitude, as coisas não vão acontecer dentro da empresa.

Um líder exerce sua capacidade de influenciar a equipe por meio do exemplo. Eu não tive filhos, mas consegui observar como a liderança dos pais influencia as crianças. Se você tem filhos, vai reconhecer isso que vou falar agora; se não teve filhos observe dentro da família ou do seu círculo de amizades como isso é real.

Um pai ou uma mãe pode falar para os filhos o que eles devem fazer, entretanto eles não fazem aquilo que os pais falam, e sim o que os pais fazem. Por isso muitos filhos adquirem dos pais os hábitos negativos, apesar dos pais falarem, durante toda a infância, o que eles não devem fazer.

Nas organizações isso não é diferente. Para conseguir influenciar os funcionários, líderes precisam ser exemplo. Não me entenda mal, não estou exigindo perfeição de ninguém, todo mundo falha e comete erros, mas dentro das empresas temos que ser o exemplo a ser seguido por nossos liderados.

Seu funcionário vai desenvolver a atitude de querer fazer uma determinada tarefa quando perceber que você, todos os dias, faz o mesmo na empresa. O filósofo norte-americano Ralph Waldo Emerson disse certa vez que "as pessoas escutam o que você faz". Sua atitude fala mais alto do que suas palavras.

Conta-se que uma mãe levou a filha pequena para ver o líder indiano Mahatma Gandhi. Chegando lá, ela disse:

"Senhor, peça para minha filha ingerir menos açúcar."

"Peça para que sua filha volte daqui uma semana", respondeu Gandhi.

Passada uma semana, mãe e filha voltam ao encontro de Gandhi. O líder tocou carinhosamente o braço da jovem e disse, pausadamente:

"Coma menos açúcar. Açúcar em excesso faz mal."

A jovem concordou com a cabeça, e a mãe ficou satisfeita. Era o líder deles dizendo a frase, mas não conseguiu segurar a curiosidade e perguntou:

"Mestre, por que você pediu para voltar esta semana para dizer algo que poderia ter dito semana passada?"

"Eu não poderia ter dito semana passada. Há uma semana, eu ainda comia muito açúcar."

Portanto, líder: cuidado com o que você faz, as pessoas vão ouvir o que você faz.

Formar equipes

Formar equipes é o maior desafio de um líder. As exigências e os comportamentos das lideranças mudaram nas últimas décadas. Mas algo continua imutável ao longo dos anos: toda liderança deve gerar resultados. Um líder que não traz resultados não tem finalidade dentro de uma organização.

O que diferencia uma empresa de uma concorrente? Uma empresa pode adquirir uma tecnologia de ponta para a fabricação de produtos ou prestação de serviços, pode utilizar a tecnologia para gerir seus processos na busca de melhor eficiência. Contudo, a tecnologia pode e será copiada pelos concorrentes.

Uma empresa beneficia-se da tecnologia quando acaba de implementar uma novidade em seu modelo de negócios. Porém, assim que a concorrência percebe que determinada empresa desenvolveu vantagem competitiva por meio da tecnologia, em pouco tempo ela vai copiá-la. O que era diferencial vira commodity no mercado.

Um dos princípios de marketing é conhecido como 4 Ps: produto, preço, promoção e ponto – ou praça, como alguns preferem chamar.

Seria então o produto o diferencial competitivo de uma organização? Os concorrentes podem fazer uma engenharia reversa para entender como funciona o produto e, então, copiar. Podem lançar um produto melhor tendo por base o feedback negativo de alguns clientes. São capazes de agregar valor percebido pela marca, ou assumir uma estratégia de preço diferenciada e ofertar um produto similar ao seu. Apesar de o produto ou serviço ser um pilar importante para a organização, ele pode ser replicado pelos concorrentes.

Responda então qual é a única coisa que um concorrente não pode copiar da organização que você trabalha atualmente? Se respondeu "as pessoas que trabalham na empresa", você está certo. As únicas coisas que um concorrente não consegue copiar são as equipes que atuam na sua empresa.

As equipes são as responsáveis por conceber o produto recebido pelo cliente, prestar atendimento a ele, contatar fornecedores, cuidar da gestão empresarial, de todas as operações organizacionais que são o suporte para o sucesso ou insucesso do negócio. Tudo converge para as equipes. O desafio do líder é formar uma equipe de alta performance, coesa e capaz de atingir os resultados esperados.

Nada começa em algo, tudo começa em alguém.

Na liderança não existe o "euquipe". Se você faz uma liderança centralizada e tenta resolver tudo por conta própria, assumiu uma postura de líder que não entrega resultados. Não há possibilidades de entregar resultados sem a ajuda de pessoas – e um líder é tão bom quanto as pessoas que fazem parte de sua equipe.

Não existe líder bom com equipe ruim. O líder é bom porque formou uma equipe boa. É uma verdade a frase "juntos somos mais fortes" – infelizmente, muitos líderes ainda não assumiram essa postura; são líderes que têm medo da própria equipe e querem se destacar sozinhos dentro da empresa. Resultado: a equipe não "joga junto" com o líder e todo o time não consegue produzir resultados.

Uma boa equipe dentro das organizações tem de pensar como em um jogo de futebol: quando meu time ganha, ganho junto; quando meu time perde, perco junto. Passar bem a bola, voltar para a defesa, avisar o companheiro de equipe dos perigos da marcação, fazer um bom cruzamento para o companheiro de equipe fazer o gol são posturas que valorizam o time e cada jogador que está na equipe.

O líder que compreendeu a importância do "juntos somos mais fortes" está no caminho para formar uma boa equipe. Claro que ainda vai precisar aprender as habilidades de liderança e gestão para ser capaz de selecionar as pessoas certas da equipe – e desenvolver nelas as competências necessárias para formarem, juntos, uma equipe de alto desempenho, capaz de estruturar uma empresa próspera. Ou seja, uma empresa boa para clientes, sociedade e funcionários.

O grande diferencial das empresas de hoje

Na década de 1970, as empresas valorizavam as máquinas. Organizações que podiam investir nos melhores equipamentos eram mais produtivas, conseguiam conquistar mais clientes e, assim, e expandir-se no mercado. Toda grande corporação detinha um parque industrial robusto para produzir em grande escala, aumentando seus lucros e levando seus produtos para outros países.

Nos anos 1980, as empresas começaram a se preocupar mais com qualidade. Aquela ideia de qualidade total, iniciada no Japão durante a década de 1960, ganhou o mundo. Não bastava mais ter as melhores máquinas para se produzir bem e vender mais, era preciso produzir com qualidade e surpreender os clientes. Para ter sucesso, uma empresa tinha de entender as necessidades dos consumidores antes mesmo que eles as manifestassem. A qualidade total focava na satisfação integral das necessidades dos clientes.

A última década do século XX trouxe outra tendência: as certificações e a melhoria dos processos. As empresas perceberam que, para garantir a qualidade total, era necessário padronizar os processos. Então, começaram a buscar certificações como ISO e TS. E o efeito foi em cascata. Uma grande empresa visava a certificação, em seguida seus fornecedores precisavam fazer o mesmo, e assim por diante, criando uma grande onda em prol da melhoria contínua nos processos organizacionais.

Com a virada do milênio, a preocupação das empresas voltou-se para a tecnologia da informação. Os processos informatizados eram vistos como garantia de eficiência. Ao mesmo tempo, as tecnologias propiciavam medir melhor os processos e forneciam mais informação para auxiliar na decisão dos rumos a serem tomados pela empresa. A tecnologia da informação era a chave para o sucesso das corporações.

Nos dias de hoje tudo isso ainda é importante, mas não bastam por si só. Todas as organizações têm acesso a maquinário. Qualidade não é diferencial – é obrigação de uma empresa: o cliente compra um produto e espera, também, ser bem atendido, receber garantia, além da satisfação integral das necessidades com o produto adquirido. Padronização é o mínimo que grandes empresas podem fazer pelo seu processo. Uma empresa sem certificação sequer consegue vender seus produtos para o mercado. A tecnologia da informação é acessível para todas as empresas, sendo parte do dia a dia organizacional.

O diferencial buscado hoje pelas organizações está nas pessoas, nos times que compõem uma empresa. O líder próspero entende essa mudança nos paradigmas organizacionais. Focar nos processos continua sendo importante e vai continuar no futuro, mas só isso não é suficiente. É preciso que as lideranças organizacionais entendam cada vez mais sobre gestão de pessoas.

O líder tem que desenvolver a capacidade de despertar nos liderados habilidades inerentes a equipes de alta performance: automotivação, criatividade e comprometimento. Além de suas funções como líder, você deve atentar-se para desenvolver esses pontos em sua equipe. Time motivado, criativo e comprometido é capaz de gerar resultados – e, em essência, todo líder é medido pelos resultados que consegue gerar.

Existe uma regra de ouro em gestão de pessoas, uma regra que vou ilustrar com uma história – uma das que mais gosto de contar em minhas palestras.

Um homem estava perdido em um balão. Imagine só: ficar vagando em um balão sem saber a localização. Ele estava sem destino pelo espaço, sendo levado pelo balão, até que, em certo ponto de sua trajetória, avistou um homem caminhando por uma montanha. Logo pensou: Minha salvação. Diminuiu a altitude do balão até cerca de 10 metros do chão e gritou:

"Pelo amor de Deus, onde é que eu estou?"

"Em um balão", respondeu o homem.

"Você deve ser um funcionário", retrucou o homem perdido.

"Sim. Como o senhor sabe?"

"Porque funcionário é assim. A gente faz uma pergunta, ele dá uma resposta que não serve para nada, não ajuda em nada", disse e ofendeu o rapaz por vários minutos.

"E o senhor deve ser chefe", rebateu, quando o homem terminou de falar.

"Sou chefe. Como você sabe?", perguntou, surpreso.

"Porque chefe é assim: está totalmente perdido e quer colocar a culpa em nós, funcionários."

A regra de ouro na gestão de pessoas que todo líder deve saber: não se culpa funcionário.

Quando você começa a culpar funcionário, é o primeiro sinal que você está perdido.

É natural e recomendável na gestão de pessoas o líder encontrar funcionários capacitados e delegar tarefas para eles. Porém, todo líder precisar saber que ele pode e deve delegar tarefas – mas não responsabilidades. A responsabilidade sempre deve ficar com a liderança. A liderança foi escolhida por ser capacitada a entregar resultados. Se eles não vêm, não se joga a culpa no funcionário. A liderança precisa refletir em quais etapas de sua gestão não conseguiu agir com a maestria necessária para garantir que os resultados acontecessem.

É provável que o líder não tenha sido capaz de inspirar ou influenciar o funcionário a realizar a tarefa. Também é possível que tenha delegado uma tarefa a um funcionário desprovido das competências necessárias para determinada função. Ou o líder não conseguiu formar uma equipe de alto desempenho. Seja qual for o caso, o líder não deve culpar o funcionário.

Dentro da empresa, o bom líder busca soluções; o mau líder busca culpados. Achar culpados não resolve problema, não produz resultados. Achar culpados desmotiva a equipe. Seja um líder conciliador: se houve um problema, foque na solução. Às vezes a metodologia aplicada na solução do problema não foi a ideal, por isso ter uma equipe criativa faz a diferença.

Reúna-se com seu time e divida a situação-problema com toda a equipe. Reforce a importância de chegarem aos resultados, revise se ela está inspirada para alcançar uma solução, seja o exemplo para que ela sinta-se influenciada a resolver o problema. Mostre que você acredita na equipe e que, juntos, são capazes de encontrar uma solução. Agindo dessa forma você vai compor um time sólido, confiante em sua liderança, um time que, quando erra, compromete-se a resolver.

Se como líder você ficar encontrando culpados, acabará construindo uma equipe preocupada em achar culpados – e não em encontrar soluções. São as soluções que produzem resultados. E um líder precisa de resultados. Líder e equipe juntos, focados em resolver problemas, em vez de achar culpados formam um grande time capaz de chegar longe dentro da organização. Um time de resultados – com o perfil que as empresas precisam nos dias atuais.

Seja um líder gerador de resultados, e não um líder que aponta culpados. Eis o perfil da liderança próspera.

Capítulo 4

Gestão de pessoas para a alta performance

"Empresas excepcionais são feitas de pessoas excepcionais e uma cultura de alto desempenho."

Vicente Falconi

    Um bom líder é alguém reconhecido assim por um motivo: entrega bons resultados. Seja na vida ou nas organizações, não fazemos nada sozinho; precisamos de pessoas que nos ajudem e apoiem na conquista de nossas metas, ao mesmo tempo que nossos resultados ajudam essas pessoas a alcançarem suas metas pessoais e profissionais.
    Dizer que ninguém faz nada sozinho não é um clichê, é entender a realidade das coisas. Ao compreender a realidade de como elas são feitas, conseguimos ajustar o curso de nossas ações para produzir melhores resultados.
    Observe as coisas ao redor. Provavelmente a quase totalidade delas foi feita por outras pessoas – ou um grupo de pessoas. As roupas que vestimos, a casa em que moramos, os programas aos quais assistimos em nossas horas de entretenimento, as músicas de que gostamos... O que nos cerca é resultado do trabalho em equipe de outras pessoas,

trabalhadores que, juntos, produziram um resultado para o desfrute e benefício de outros indivíduos.

Entender de forma clara que ninguém faz nada sozinho é um passo importante para todo líder, pois seus resultados serão proporcionais ao resultado que sua equipe conseguir produzir. Por isso não basta ao líder entender de negócios; o líder próspero precisa também entender de pessoas.

Conhece algum líder que não lidera? São líderes que ficam imersos executando tarefas o dia todo, sem dar a menor atenção para a sua equipe. Eles não sabem o que se passa com o time, não conhecem as dificuldades que sua equipe enfrenta para entregar resultados, não têm ciência das competências de cada membro da equipe.

Esse tipo de líder assume um número imenso de tarefas durante a jornada profissional e passa a ignorar a própria equipe. Ao ignorar as dificuldades dela, os resultados não chegam, e o líder continua imerso em suas tarefas, fazendo hora extra, realizando o trabalho dos funcionários, porque o resultado precisa sair. É pressionado pela liderança acima dele para entregar os resultados, mas os resultados não chegam.

Mesmo que o líder seja altamente capacitado na execução de tarefas e possua grande habilidade técnica, sozinho ele não vai entregar os resultados. Ele pode trabalhar mais, fazer hora extra... O resultado não vai ser alcançado. Uma única pessoa não consegue entregar resultado. O líder que está afogado em suas tarefas precisa repensar seu modo de trabalhar e passar a focar na gestão da equipe, para, juntos, atingirem o resultado esperado pela empresa.

Como líder você deve entender que pessoas não nascem prontas. Pessoas estão em constante desenvolvimento, assim como todo líder também passa pelo processo de desenvolvimento. Quanto mais um líder se aplica em desenvolver suas habilidades como gestor de pessoas, mais frutos vai colher no trabalho.

Por onde começar a desenvolver as equipes? Primeiro, é necessário mapear quais são os tipos de pessoas que fazem parte da equipe. Cada pessoa é única, com sua história de vida, conhecimentos, habilidades e atitudes para lidar com adversidades e com momentos alegres.

Todo funcionário tem qualidades e defeitos. Tais características vão auxiliar ou atrapalhar a execução de uma tarefa delegada. Conhecer as pessoas ajuda o líder a direcionar a pessoa certa para a tarefa certa – dessa forma, o líder pode delegar com mais confiança.

Mantenha em mente sempre a máxima de que a responsabilidade é sua. Mesmo ao delegar, você continua sendo o responsável pelos resultados da empresa. E, por essas razões, você tem que construir uma equipe de alta performance. Com uma equipe motivada e comprometida, você terá confiança em delegar. Conforme delega as tarefas, você terá mais tempo para cuidar da gestão de pessoas, em vez de gerir tarefas.

Para ajudar você, líder, a mapear em que estágio de desempenho sua equipe está, mapeamos há alguns anos três classes de funcionários no Brasil. Existem funcionários da primeira classe, funcionários da segunda classe e os da terceira classe. Para ilustrar como é o comportamento de cada uma das classes de funcionários que temos no Brasil, vou contar uma história real que aconteceu quando eu era moço e vivia na roça.

Toda a fazenda em nossa região tinha um time de futebol – e eu sempre fui apaixonado por futebol. Na época, eu tinha 16 anos. Todo ano acontecia um torneio na roça. Os jogos aconteciam aos domingos, começavam às 9 horas da manhã e terminavam às 6 da tarde. A cada vez, o torneio era disputado em uma das fazendas da região. Naquele ano, envolveu seis times e foi em uma propriedade vizinha, que ficava aproximadamente a 1 quilômetro de distância da nossa. Íamos em um caminhão de carroceria aberta – jogadores, reservas, torcida, cerca de 50 pessoas.

Na noite anterior, um sábado, havia chovido muito. O domingo amanheceu sem chuva, mas com o dia úmido. Nosso jogo era o primeiro, às 9 horas da manhã. Saímos às 7 horas para chegar com boa antecedência. O caminhão passava por uma poça durante o caminho, enfrentava um lamaçal, dava uma patinada, mas continuava seguindo. Depois de uns minutos de viagem, o caminhão deparou-se com um lamaçal de uns 12 metros. Ladeavam a estrada plantações de laranja – na época, Limeira era a capital brasileira da laranja. Nesse ponto, tínhamos duas escolhas: ou atravessar o lamaçal ou voltar para a fazenda.

Nosso motorista, Eduardo, parou e antes de encarar o lamaçal, foi dar uma conferida com a equipe. Ele desceu do caminhão, um homem baixo, gordinho e que era nosso ponta-esquerda, camisa 11 do time.

"E aí, rapaziada, será que dá?", perguntou para o time.

"É claro que dá", respondemos altamente motivados, testosterona a mil.

"Eduardo, dá uma ré para entrar com tudo." Alguém deu a ideia.

A equipe participava da solução.

Eduardo deu uma ré que parecia interminável. Já que era para entrar com tudo, ele seguiu a sugestão. Para a gente, era só alegria.

"Acelera, Eduardo!"

O motorista acelerou, foi pegando uma velocidade de uns 70 quilômetros por hora – alto para uma estrada de terra. O caminhão entrou no lamaçal. Só na patinada, ele andou em torno de 2 metros. Quando o caminhão parou de deslizar, ele teve de tracionar e aí o caminhão encalhou. Faltavam 10 metros de lamaçal.

"Eduardo, que marcha você tá?" Participação da equipe novamente na solução.

"Bota uma segunda reduzida", deu a sugestão um colega, com base na experiência que tinha como motorista.

"Eduardo, faz um vai e vem aí, frente para trás." Veio outro dando ideia depois que a sugestão anterior não funcionou.

O caminhão estava atolado, não ia nada. Nem para a frente, nem para trás.

Um grupo mais decidido e radical se mobilizou para tirar o motorista. Começaram a achar que o Eduardo não sabia guiar na lama. É assim: em uma situação de complicação, vamos buscando soluções.

Neste momento, você já deve ter percebido que somente a tecnologia – ou seja, a força do motor – não seria capaz de tirar o caminhão da lama. Seria preciso descer e empurrar. Domingo de manhã, todo mundo perfumado... E a terra já parecia mais um mingau, uma lama preta e suja. Ninguém se animava a descer e empurrar.

Foi a primeira vez que eu vi a importância de um líder em uma situação de crise, a influência de um líder quando a coisa não está bem, quando um cenário precisa ser revertido.

O nosso, naquele momento, era o zagueiro central – ou beque central, como se dizia nos anos 1970. Capitão do time, nosso camisa 3 e batedor oficial de pênaltis. Um homem de 1,90 metro chamado João Coragem. Suas mãos eram do tamanho de uma raquete de tênis, o pé calçava 44. João tirou o sapato e as meias, dobrou a calças, colocou a mão na beirada da carroceria e deu um berro. Esse berro tem quase quarenta anos e eu me lembro dele até hoje.

"Só tem um jeito." Saltou ele.

Quando chegou ao chão, a lama veio até o joelho. Até o joelho de um homem de 1,90 metro. A maioria deu um passo para trás, mas teve uma galera que imediatamente saltou com o João. Lembro os nomes até hoje: Zé Carlos, Vitinho, Adão, Valdomiro e Arthur. São os trabalhadores da primeira classe, os participantes, os responsáveis.

"João, quando a gente deu ré eu vi que tinha uma casa lá atrás. Eles devem ter uma enxada. Se não tirar a lama do pneu, ele não vai sair!"

E foi até a casa buscar a enxada. Outros dois decidiram procurar um toco de árvore para ajudar a tracionar o pneu.

Em menos de cinco minutos, o sujeito que foi atrás da enxada voltou com duas. A dupla que foi procurar o tronco de árvore voltou com um tronco de uns 2 metros. João e Adão estavam ali e já grudaram nas enxadas e começaram a puxar a lama da frente do pneu. Sem lama na frente do pneu e com o tronco de árvore no apoio, em menos de dez minutos a solução começou a aparecer. Eduardo acelerou, e o caminhão moveu-se 2 metros, antes de encalhar de novo.

Esse tipo de funcionário de primeira classe é comprometido. Foi só o caminhão parar novamente, dois deles já tiraram a camisa e foram segurar o tronco na parte de trás do pneu. Outros dois foram buscar um tronco menor. João e Adão começaram a puxar a lama do pneu. Uma turma leal, que não abandona o barco na hora que a coisa complica.

Os que permaneceram no alto do caminhão, como eu, são os funcionários da segunda classe. Eles estão em toda empresa. São desconfiados. Nossos comentários eram: "O que você acha?", "Vamos ver".

Mas não era hora do "vamos ver". Era a hora do "vamos fazer". Como disse João, "só tem um jeito".

Os funcionários da segunda classe são acomodados. Alguns até comentavam que "o pessoal está indo bem", "eu acho que vai dar certo". Conhece quem acha que vai dar certo porque os outros estão indo bem, mas não se mexe?

Os funcionários da segunda classe também são influenciáveis. Por isso é tão importante essa capacidade do líder de influenciar. João gritou:

"Pessoal, o jogo é às 9 horas. Se não chegarmos no horário, perdemos por W.O.!"

Foi o alerta para começar a mobilização dos demais. Desceram quatro, depois mais cinco, e assim todos se mexeram.

Confesso que fui um dos últimos. Por isso, consegui observar uma cena à qual não tinha me atentado. No fundo do caminhão tinha uma turma de quatro pessoas jogando truco. Quando eu passei por eles perguntei:

"Vocês não vão descer?"

"Tamo na nega!"

Você pode até não jogar truco, mas com certeza sabe: a nega é a terceira partida da melhor de três.

São os funcionários da terceira classe. Costumam ser pessoas negativas. O comentário de um deles foi: "Pode esquecer, isso aí só sai com trator. E trator, só amanhã". São pessoas desmotivadas e querem desmotivar os outros. Outro comentário foi: "Inclusive mesmo que conseguir tirar o caminhão da lama vai chegar todo mundo cansado, já perde na primeira, não adianta nada". É o tipo que não faz e ainda quer desmotivar quem está fazendo. E uma terceira característica desse tipo de funcionário é ser resistente a mudanças.

Partimos com 50 pessoas sobre o caminhão. Quando aconteceu o problema, desceram João e mais cinco. Aquelas seis pessoas não conseguiriam resolver o problema a tempo. Poderiam até desatolar o caminhão, mas não a tempo de chegar para o jogo das 9 horas. Muitas empresas perderam sua liderança no mercado porque não conseguiram mobilizar as pessoas a tempo.

João conseguiu. Ele não chamou ninguém. Tirou os sapatos, as meias, dobrou as calças e pulou. Ele agiu. Lembrou-se das metas, chamou, falou dos benefícios e das perdas e conseguiu mobilizar 46 pessoas. Quando a massa crítica estava mobilizada na ação, conseguimos desatolar o caminhão em quinze minutos. Saímos da fazenda para chegar com uma hora de antecedência. E chegamos vinte minutos antes de o jogo começar.

Disputamos o campeonato todo. Chegamos à final e empatamos em 1 x 1. Perdemos nos pênaltis (5 x 4). A última cobrança foi de João – acertou a trave. O que importa é que disputamos a liderança, fomos competitivos e conseguimos realizar mais que os outros times.

Como lidar com as diversas classes de funcionários

Toda liderança próspera gera resultados para a organização. Gerar resultados é um dos pontos importantes que você vai aprender ao concluir a leitura deste livro. Durante meus trinta anos como palestrante, aprendi a importância de gerar resultados para as empresas. Um líder tem que ter isso como meta dentro do ambiente de trabalho: quanto mais resultados ele conseguir produzir, maior será seu destaque dentro da empresa.

Vimos até aqui que mesmo os líderes mais capacitados não conseguem produzir resultados sozinhos. A liderança é um trabalho em equipe. Por isso, o trabalho do líder é construir e manter times fortes, de alto desempenho. Esses times é que vão demonstrar o quão bom um líder é.

Equipes de alto desempenho são formadas por trabalhadores de primeira classe. O líder não pode esperar que todo funcionário que entre na empresa seja de primeira classe e permaneça assim ao longo dos anos. Não é assim que as coisas acontecem.

Um profissional de primeira classe pode, ao longo dos meses, passar a se comportar como um profissional de terceira classe. O contrário também é possível: um profissional de terceira classe pode passar a ser um profissional de primeira. Essa definição de tipos de profissionais não é uma característica individual, mas sim um conjunto de comportamentos que naquele momento a pessoa passou a adotar.

Comportamentos podem ser mudados, desde que conduzidos de forma correta e que as pessoas queiram mudar. Para acontecer qualquer evolução pessoal, primeiro a pessoa precisa querer.

Não é possível ajudar alguém que não queira ser ajudado.

Querer mudar é essencial para alguma transformação ser possível. Por isso insisto: o mais importante é ter atitude. Atitude é querer fazer. Dentro das empresas encontramos funcionários que sabem fazer, são bons no que fazem, mas não estão fazendo – isso os coloca na categoria pertencente à terceira classe.

A liderança desse funcionário muitas vezes analisa o histórico dele dentro da empresa. Observa que ele já ajudou em momentos difíceis a organização, foi produtivo e criativo, e por isso permite que esse funcionário atualmente se comporte como um funcionário de terceira classe sem intervir.

**O líder deve observar que os resultados do passado
não garantem os resultados do presente.**

Os resultados que um líder produziu no passado são insuficientes para mantê-lo empregado nos dias atuais. O líder precisa produzir continuamente novos e melhores resultados, e por isso tem de manter toda a equipe engajada com essa proposta.

Simplesmente esperar que o colaborador que não está produzindo resultados volte a se comportar como fez no passado – ou seja, como um profissional comprometido – não garante nada. E a espera para recuperar o desempenho pode levar à desmotivação de todo o restante da equipe. Afinal, se alguém não está produzindo, alguém da equipe está fazendo o trabalho dele. Isso acarreta desmotivação nos funcionários de primeira classe e influencia os funcionários de segunda classe a não se comprometerem.

Os funcionários da primeira classe têm como características serem participativos e responsáveis. Perceba que não estou enumerando habilidades técnicas, e sim comportamentos capazes de gerar resultados concretos na empresa. Ser participativo é querer fazer as coisas. Uma organização vive em constante mudança. Todo dia enfrentamos problemas que não serão resolvidos sozinhos. Um líder existe para resolver problemas.

Nessa missão, o líder precisa de pessoas que queiram encontrar juntas uma solução e pessoas que participem da solução. Pessoas que "pulem na lama".

Os funcionários de primeira classe são aqueles que vão se engajar em buscar a solução, em entender a dificuldade e sugerir soluções para o problema. Além de serem participativos, são responsáveis.

Dentro das empresas a responsabilidade é uma característica conhecida como "pensamento de dono". Trata-se da mentalidade do funcionário que está fortemente envolvido com o desenvolvimento da empresa. Ele quer vê-la melhor. Sabe que quando a empresa vai bem, os funcionários e os clientes ficam satisfeitos... Todos ganham quando a organização vai bem.

Pensamento de dono é se responsabilizar pelos resultados da corporação como se ela fosse sua. Não queremos que um negócio nosso dê errado. Ninguém abre uma empresa pensando em falir. Quando pensamos como o dono, atuamos vigorosamente para que a empresa na qual trabalhamos tenha sucesso.

Se responsabilizar pela empresa como se ela fosse sua é uma característica dos funcionários de primeira classe. No final das contas, a empresa também é do funcionário. Afinal, se ela for mal, o funcionário perde o emprego. Responsabilidade para gerar resultado e participação nas ações da empresa são as posturas que diferenciam os funcionários da primeira classe dos demais.

Funcionários da segunda classe têm como características serem desconfiados, acomodados e influenciáveis. Perceba que as características que tratamos até aqui são todas aquelas possíveis de serem assumidas por qualquer ser humano. Não existe alguém que nasceu responsável e outro que nasceu acomodado. São posturas assumidas perante a rotina. Ou seja, que podem ser modificadas por outras ou continuarem a ser replicadas.

Na organização, os funcionários de segunda classe assumiram posturas que, se não modificadas, não vão colaborar para conquista dos resultados de que o líder precisa. Muito se fala em psicologia sobre a zona de conforto. Este é o local em que nos sentimos seguros. Mas a zona de conforto nos traz acomodação. Todo ser humano pode entrar nela em algum momento: ninguém está a salvo de se acomodar; pelo contrário, tendemos a buscar uma zona de conforto.

Por que entramos tão fácil na acomodação? Se excluirmos a razão e falarmos apenas dos instintos humanos, compreendemos isso. O corpo humano, olhando apenas pela ótica instintiva, é feito para se manter vivo – e, para isso, o corpo procura sempre poupar o máximo de energia possível.

Para poupar energia criamos hábitos. Estes nos fazem replicar sempre as mesmas coisas, o que economiza energia mental e física. Aprender algo novo depende de esforço. Vamos pensar na segunda letra da palavra CHA: habilidade.

Para desenvolver uma habilidade precisamos de treino. Conforme mais praticamos algo, melhor ficamos. O que era difícil no começo, com o passar do tempo torna-se mais fácil. A atividade torna-se um hábito e conseguimos realizar com menor esforço mental. É como dirigir: no começo precisamos prestar atenção em cada detalhe, olhamos o retrovisor, altura do banco, se o carro está engatado na marcha correta, a qual velocidade o veículo se movimenta para trocar de marcha. Com prática, adquirimos o hábito de dirigir e conseguimos realizar as mesmas tarefas sem gastar tanta energia mental.

Como os instintos querem sempre economizar energia, tendemos a ficar parados na zona de conforto depois de a encontrarmos. Isso é um perigo para as empresas. Após um tempo que o funcionário realiza a função, ele tende a considerar que já sabe fazer e instintivamente não quer agir de forma que vá gerar maior gasto de energia.

Lembra-se de quantas pessoas ficaram sobre o caminhão enquanto outros estavam trabalhando arduamente para resolver a situação? Os que trabalhavam faziam pelo bem geral: todos seriam beneficiados se o caminhão saísse do lamaçal. Porém, a maioria estava preocupada apenas com seu próprio conforto. Não queriam se esforçar para ajudar. Queriam desfrutar dos benefícios junto com os demais.

Essa acomodação acarreta outro comportamento: a desconfiança. A razão nos diz quando estamos acomodados com uma situação, então precisamos de uma ferramenta para justificar a passividade diante dos problemas. Uma das ferramentas que são utilizadas é a desconfiança das coisas – passamos a dizer que não vai dar certo.

Os funcionários começam a dar justificativas em vez de soluções.

Essas justificativas servem para racionalizar o problema. Assim, se forem questionados por que não estão fazendo, podem justificar pela desconfiança de que "acham que essa não é a melhor saída para a questão". Trata-se de uma justificativa vazia, de quem também não está ajudando a encontrar outra saída que julga ser melhor.

Esse tipo de funcionário pode ser levado para a primeira classe por meio da capacidade de influência do líder. Essa é uma das principais habilidades que o líder deve desenvolver. E, para influenciar alguém, o líder precisa fazer isso pela ação. As pessoas acomodadas em cima do caminhão só fizeram algo depois que outros já estavam trabalhando.

A segunda classe não é proativa. Não vai descer do caminhão e se responsabilizar pela resolução do problema – mas pode ser influenciada pela ação dos líderes para se juntar ao trabalho. A liderança próspera tem de conseguir fazer isso.

Na história que contei, vimos que inicialmente seis pessoas se comprometeram. Depois, graças ao exemplo, João conseguiu mobilizar um total de 46 indivíduos. É possível que, em algumas equipes, encontremos números bem parecidos com esses. Dez por cento de pessoas na primeira classe, 80% na segunda classe e outros 10% na terceira classe – vamos comentar sobre estes últimos agora.

Os funcionários da terceira classe têm como características serem negativos, desmotivados e resistentes às mudanças. Para um líder formar uma equipe de alto rendimento, ele precisa que a equipe esteja motivada e comprometida. Por isso, esse terceiro tipo de funcionário é o que mais compromete os planos do líder. Importante ressaltar que estou tratando de posturas assumidas dentro do ambiente de trabalho.

Tais funcionários podem ser ótimos familiares, excelentes amigos, pessoas prestativas e boas em outras situações – assim como um funcionário de primeira classe pode se comportar negativamente em outras circunstâncias. Aqui nossa análise baseia-se no contexto corporativo, pois é esse comportamento que vai impactar seus resultados como líder. Não estamos analisando pessoas como seres humanos, apenas observando comportamentos assumidos no local de trabalho, os quais colaboram ou atrapalham a empresa a atingir seus resultados.

Pessoas negativas e desmotivadas começam a contaminar toda a equipe. Além de serem improdutivas, querem envolver outros na passividade deles. Falam mal da empresa, do líder, sempre veem o lado ruim das coisas. Não se surpreenda se os funcionários da terceira classe começarem a influenciar o comportamento dos da segunda. E se, em vez de você ter na empresa mais pessoas comprometidas com resultados, você passar a ter mais gente desmotivada e com baixo rendimento.

Quando encontra um problema, o líder tem de resolvê-lo.

Membros de uma equipe precisam ter clareza que ou fazem parte da solução ou são parte do problema. Dentro da equipe, o líder precisa de desempenho e de produtividade. E algumas pessoas não entregam.

Isso porque há gente que não quer mais – isso é fato. Você pode conversar, treinar, apoiar, tentar influenciar, mas eles já não têm mais vontade de fazer o que precisa ser feito. No passado, esses funcionários podem ter sido primeira classe. Mas chegaram um ponto em que eles foram se acomodando, se desmotivaram e, agora, resistem às mudanças necessárias para que a empresa continue crescendo.

Sabemos que, nos dias de hoje, com a alta velocidade de informação e as transformações constantes, pessoas que não mudam não têm mais espaço no mercado de trabalho. Mudança é uma das palavras mágicas do mundo contemporâneo; empresas e pessoas precisam mudar, precisam se adaptar, ou não terão mais espaço no futuro.

O líder pode fazer pouco com gente que não quer mudar. Nesses casos, a opção que sobra para a liderança é demitir esses funcionários de terceira classe. Você pode até dizer: "Mas, Alfredo, eu gostaria de resgatar esse pessoal para meu time" – e essa sua postura é muito louvável. Você pode tentar mais uma vez levar esse funcionário a sair da terceira classe, e mais uma vez estimular sua produtividade – pois é isso que as empresas precisam. Mas não se acomode com a postura dele se nada mudar.

É preciso fazer o que precisa ser feito, mesmo que pareça difícil. Muitas vezes trata-se de um funcionário que admiramos no passado, com quem construímos um vínculo pessoal. Nada disso pode influenciar a decisão que precisa ser tomada. Para muitos, uma demissão abre os olhos para o que precisa ser feito. Alguém que se acomodou e passou a assumir uma postura negativa dentro da empresa pode aprender muito ao ser dispensado – portanto, não se sinta mal ao tomar a decisão correta.

Como disse São Tomás, "O saber, em algumas pessoas, só entra pela carne". Essa afirmação pode parecer forte, mas, se outras tentativas em prol da mudança de comportamento não funcionaram, o que resta é o desligamento. Porque os membros da equipe precisam ser parte da solução, não do problema.

Conta-se que em um milenar mosteiro na China existia um mestre, um guardião e os discípulos. Certo dia, o guardião do mosteiro morreu. Ele era a pessoa mais próxima ao mestre. E o mestre decidiu que escolheria um novo guardião entre os discípulos. Pela proximidade que o guardião tinha com o mestre, todos queriam ocupar o cargo. No dia seguinte reuniram-se no pátio do mosteiro e o mestre começou dizendo:

"Hoje sairá daqui o novo guardião."

O mestre então pegou uma mesa e colocou à frente dos discípulos. Depois, buscou um vaso de porcelana no interior do mosteiro. Era uma peça caríssima, de origem rara. Depositou o objeto sobre a mesa. Por último, pegou uma flor belíssima. Sua beleza era apenas comparada à raridade que aquela flor era encontrada. Voltou-se aos discípulos. Apontou para o conjunto de vaso e flor e disse:

"Aqui está o problema, quem resolver primeiro será o novo guardião."

O silêncio pairou no ar. Passados alguns minutos, os discípulos começaram a se aproximar. Cheiraram a flor, tocaram no vaso, examinaram a porcelana e nenhum daqueles homens treinados durante anos no mosteiro descobria nada. Até que, em determinado momento, um dos discípulos entrou no templo e saiu de lá com uma espada. Aproximou-se do vaso e desferiu um único golpe, quebrando o vaso e destruindo a flor.

O mestre, que estava afastado, aproximou-se do local onde estava o vaso quebrado e a flor despedaçada.

"Parabéns", disse, olhando para o discípulo. "Eu lhes apresento nosso novo guardião." Apontou o mestre para o discípulo com a espada na mão.

Mesmo que o problema seja algo belíssimo ou caríssimo, se ele for um problema, precisa ser eliminado.

A função da liderança na empresa é levar e manter toda a equipe na primeira classe. O que não é parte da solução, é parte do problema.

Capítulo 5

Conscientizar: o início para construir uma equipe de alto desempenho

"Muitos cuidam da reputação, mas não da consciência."
Padre Antônio Vieira

A liderança é o fator competitivo que faz a diferença nas organizações. Com uma boa liderança, é possível resgatar empresas em situações de crise. Com uma liderança desordenada, incapaz de dar direções, de decidir, de resolver problemas, uma empresa que passe por uma boa situação operacional e econômica será levada à falência. É, portanto, pela liderança que começa o sucesso ou o insucesso de uma empresa.

Se você é proprietário de uma empresa, leve para seus líderes a metodologia ensinada nos próximos capítulos. Garanta que todos apliquem esse método em suas equipes e veja os resultados de sua empresa serem transformados para melhor. Se você é um líder e pretende formar uma equipe de primeira classe, com funcionários motivados e comprometidos, aplique o método – assim, irá alcançar um novo patamar de resultados. Se você quer se tornar líder, comece hoje a praticar essa metodologia. Isso fará você ser reconhecido pelos demais parceiros da empresa como uma pessoa preocupada com os resultados das outras pessoas e, naturalmente, os demais funcionários começarão a ver em você um perfil de liderança. Conforme as lideranças da empresa perceberem que você influencia outras pessoas a produzirem melhores resultados, você será visto cada vez mais como a melhor opção para assumir um cargo de liderança.

Liderança é uma postura que precisamos ser, antes de ter.

Antes de ocupar o cargo de líder, sua capacidade de liderar precisa ser reconhecida. Aqueles que desenvolvem tais habilidades são os que, quando alcançam ao cargo de liderança, destacam-se. Ser líder é recompensador. Mas chegar ao cargo sem ter desenvolvido habilidades como inspirar, influenciar e formar equipes – e sem aplicar os passos que veremos nos próximos capítulos deste livro – é levar em frente uma liderança com possibilidades menores de sucesso.

Não basta você ter habilidades técnicas. O líder precisa ter as habilidades comportamentais e de gestão de pessoas que trazemos aqui. Como líder, você vai trabalhar mais do que como funcionário – mas também seu trabalho será mais recompensador. Além de um salário mais alto, você vai poder ajudar outras pessoas a se desenvolverem, vai contribuir para empresa a construir resultados e será reconhecido por eles.

Não espere ter um cargo de liderança para começar a se preparar para ser um bom líder. O quanto antes, coloque em prática todo o aprendizado adquirido com este livro. Naturalmente, as pessoas vão reconhecê-lo como líder. E logo surgirá a oportunidade para assumir um cargo dentro da organização em que você trabalha.

Tudo começa por aqui

A primeira coisa que, como líderes, devemos fazer com a equipe é conscientizar os funcionários sobre a importância e o valor que a empresa tem na vida deles.

Conscientizar as pessoas é o alicerce para a construção de bons resultados.

Os funcionários da terceira classe não querem fazer mais. Eles perderam a automotivação. Os funcionários de segunda classe são acomodados e desconfiados com as mudanças sugeridas pela empresa e transmitidas pelo líder. Para ambos os casos, o processo de mudança começa com conscientização. Tal etapa é primordial para qualquer avanço no trato com os funcionários, mas também funciona para os funcionários de primeira classe.

Primeira, segunda e terceira classes de funcionários não têm a ver com jeito de ser. Não é algo que não pode ser mudado. Essas definições referem-se a comportamentos que os funcionários assumiram dentro da organização. A função do líder deve ser levar e manter todos os funcionários na primeira classe.

Conscientizar os funcionários de segunda e terceira classes é o início da jornada para alcançarem a primeira classe. Mas não é só isso. Essa etapa também é importante aos funcionários de primeira classe: para que eles se mantenham nessa posição e para que o desempenho deles não caia com o passar do tempo. Funcionários conscientes do trabalho que realizam têm capacidade de se manter motivados na boa execução das tarefas.

Reflita sobre uma mudança que você tenha implementado em sua vida. Se você buscar a causa primeira dessa transformação, vai perceber que em algum momento você tomou consciência do que era preciso mudar. Ou seja, antes da mudança ocorrer, é preciso reconhecer a importância dela na vida.

Como líder, você deve garantir que a equipe adquira alguns hábitos de produtividade, focalize o que realmente é importante, assuma responsabilidades, esteja motivada para realizar o trabalho. Se um funcionário não adquirir a conscientização do porquê ele deve fazer as coisas, ele pode até inicialmente aceitar e comprometer-se com as mudanças propostas, mas em pouco tempo vai abandonar o hábito de produtividade e voltar a fazer as coisas do próprio jeito.

Uma pessoa conscientizada promoveu uma mudança interior em seu estado de pensar.

Essa é a primeira mudança que ocorre. E ela é a força motriz que faz com que algo seja feito. Sem a mudança interior, as pessoas fazem esvaziadas do sentido, de propósito, sem entender por que fazem. E quando alguém não atribui valor e importância para algo, essa pessoa deixa de fazê-lo.

Por isso, muitas lideranças deparam-se com a dificuldade de ter equipes que não executam o combinado. O líder diz: "Eles sabem o que precisa ser feito, mas não fazem". Ou então: "Já falamos várias vezes sobre a importância desse projeto, mas essa iniciativa nunca sai do lugar".

É isso mesmo, meu caro líder: falar apenas não basta, é preciso conscientizar as pessoas. Pessoas conscientizadas sabem o que é preciso fazer. Vamos ver a origem da palavra consciência – e aí você vai perceber o que significa alguém que tem conhecimento, mas não tem consciência.

A palavra consciência vem da junção de dois termos latinos. *Conscire*, que significa "saber", e *com*, que significa "junto de". Assim, podemos concluir que é consciente aquele que "está junto do saber". Alguém que está junto do saber é alguém que vive o que sabe. Consciente não é aquele que tem o conhecimento intelectual sobre um assunto, mas que vive o que sabe.

Por isso, vemos pessoas que dizem "isso eu já sei". Mas que, na prática, não fazem "o que sabem". Isso é possível. E, muitas vezes, comum. Porque são pessoas que têm a ciência, o saber do que precisa ser feito – porém não estão com o saber. Aquele conhecimento não faz parte da vida delas, não está no dia a dia. Elas não praticam o que sabem. E, assim, não conseguem resultados.

O resultado não é produzido pelo que alguém sabe. É produzido com aquilo que alguém faz com o que sabe. Fazer as coisas que sabe é ser consciente de algo.

Não adianta apenas disponibilizar um manual para a equipe, contando que, a partir disso, as pessoas saberão o que precisa ser feito – e esperar os resultados. É necessário conscientizar as pessoas da importância do trabalho delas. Quando elas entenderem, no íntimo, o valor de suas tarefas para a conquista dos resultados, os resultados irão chegar.

A diferença entre um cidadão que faz uma ação que pode impactar negativamente a sociedade ou a empresa que trabalha e um cidadão que não faz uma ação de impacto negativo relaciona-se ao nível de consciência que esse cidadão adquiriu sobre seu impacto no mundo.

Nível de consciência estimula outros comportamentos positivos, por exemplo, responsabilidade, senso de dever e comprometimento. Você conhece alguém que joga lixo no chão e não se importa? Ela não compreendeu conscientemente que um local público é de todos e, por isso, todos são responsáveis pelos cuidados e manutenção do lugar.

Na mentalidade dessa pessoa, ela responsabiliza outros pela limpeza das ruas. Esse cidadão acha que o poder público é quem deve limpar – mas ainda não percebeu que não adianta quantas pessoas sejam colocadas para limpar as ruas: nunca será o bastante se todos não se conscientizarem de seu papel.

Quem quer viver em um local agradável deve se comprometer em criar um lugar agradável para se viver. Todos são responsáveis por quão bom um lugar é. Dentro das empresas, acontece o mesmo. Existem funcionários que não são conscientes de que todos estão ali para construir um resultado. Responsabilizam apenas as lideranças. Não compreendem que a ação de todos é essencial para as coisas acontecerem, que eles são parte da mudança.

São pessoas que querem uma empresa melhor, mas ainda não perceberam que a empresa desejada será criada por eles.

A importância de uma tarefa pode estar clara na cabeça do líder. Em sua postura como um guia escolhido pela empresa para transmitir aos demais a importância das metas, compreende porque as coisas têm que ser feitas. Porém, para muitos funcionários, a clareza de que cada ação é importante ainda não chegou em suas ações.

Existem funcionários que, quando questionados para quem trabalha, simplesmente respondem "trabalho para o senhor Gerson", "trabalho para o Carlos", "trabalho para a empresa da Adriana", "meu patrão é o Ronaldo". São pessoas que não entenderam para quem realmente trabalham. Cada funcionário trabalha para si mesmo.

O líder precisa incutir na mente dos funcionários exatamente isto: cada um está trabalhando para si mesmo. E, por isso, ao não se comprometer com os resultados da empresa, está trabalhando contra seus próprios resultados. Os funcionários que compreendem que trabalham para si, e não para outros, são aqueles que desenvolveram pensamento de dono.

Visto que no Brasil temos essa dificuldade cultural presente em muitos trabalhadores – e pelo que observo esse pensamento é ainda mais frequente nos funcionários da classe operária –, temos que primeiro conscientizar os funcionários da importância do trabalho na vida deles.

Muitos trabalhadores têm um sentimento negativo em relação ao trabalho.

Muitos não aprenderam a valorizar a empresa e seus empregadores. Muita gente acredita que cliente incomoda. O líder precisa estar atento a esse pensamento, que pode circular dentro de sua equipe. Um time com esse tipo de mentalidade não vai colher bons frutos profissionais – e essa falta de dedicação vai refletir no seu desempenho como líder.

O trabalho de conscientização, portanto, inicia-se com a mudança do pensamento desses funcionários. Você precisa conscientizá-los. Mostrar que o trabalho é uma ponte para mudança, para realização de sonhos, para atingimento de metas, para proporcionar qualidade de vida para si e para aqueles que estão ao seu redor.

Há muitos trabalhadores que se apegam ao sonho de ganhar na Mega-Sena. É claro que não tem nada demais em fazer uma aposta durante a semana – e, quem sabe, acertar os seis números premiados. Mas o líder tem de mostrar para a equipe que as pessoas que atingiram metas financeiras e pessoais, em sua quase totalidade, foi graças a muito trabalho.

O trabalho é a ponte para o alcance da riqueza financeira. Com essa riqueza, o funcionário pode realizar sonhos, por exemplo, estudar, bancar os estudos dos filhos, comprar ou construir uma casa, fazer uma viagem dos sonhos, levar a família para passear aos fins de semana. Todos esses pequenos sonhos pessoais têm um custo. E é a verdadeira dedicação ao trabalho que proporcionam sua realização.

O trabalho também é a ponte para gerar mais qualidade de vida ao funcionário e sua família. Infelizmente, o Brasil enfrenta sérios problemas com o sistema público de saúde e insegurança em relação à aposentadoria dos trabalhadores no futuro. O funcionário dedicado, o de primeira classe, que as empresas desejam e recompensam por seus esforços, é o que tem possibilidade receber os maiores salários.

Com base nisso, o colaborador poderá investir em um plano de saúde para si e para sua família – muitas empresas oferecem esse benefício aos funcionários, permitindo acesso à saúde de qualidade sem gastar nada a mais por isso.

O importante é conscientizar. Trabalhando bem, ao longo dos anos, o funcionário tem mais chances de se promovido e, consequentemente, de ter um salário melhor. Esses ganhos podem ser aplicados na geração de investimentos para uma aposentadoria futura. A reserva financeira é importante complemento da renda na aposentadoria. O bom trabalhador tem ganhos de curto e longo prazos.

É preciso conscientizar a equipe, frisar que o trabalho é uma forma de o funcionário fazer algo a mais pelo mundo. É graças ao trabalho que podemos construir algo, deixar um legado para a posteridade. Não é apenas para garantir o próprio sustento: é como contribuir com as próximas gerações.

Se hoje desfrutamos de tudo que temos é porque gerações anteriores trabalharam para criar o mundo como é hoje. Grandes obras arquitetônicas, belas obras de arte, avanços na medicina e na ciência... Tudo o que desfrutamos só foi possível porque pessoas trabalharam com dedicação e vontade para transformar em algo concreto o que um dia foi apenas um sonho.

Para realizar um bom trabalho, os funcionários precisam se apoiar em três pilares: qualidade, excelência e clientes.

Nunca vou me esquecer de quando realizei o sonho de minha mãe de ter uma casa própria. Quando lhe entreguei as chaves, ela estava com 73 anos. Expliquei para ela que aquilo só foi possível graças aos meus clientes.

Minha mãe era uma senhora simples. Não sabia nem o que significava a palavra cliente. Então usei uma palavra mais corriqueira do vocabulário dela: "Cliente é freguês", expliquei. Então ela disse que a partir daquele dia ia incluir meus clientes nas orações dela. Apesar de ser uma pessoa simples, ela entendia a importância de ser grata aos que nos ajudam a conquistar nossas metas e sonhos. Dentro das empresas, essas pessoas são os clientes.

Muitos funcionários parecem odiá-los. Atendem mal, reclamam deles. Eles precisam se conscientizar de que, sem clientes, não há empresa. Sem empresa não há trabalho. E, sem trabalho, eles não vão conseguir ajudar a própria família, investir em qualidade de vida, realizar sonhos pessoais. Sem trabalho, não é possível ter sequer o próprio sustento de forma honrada.

Os funcionários precisam aprender a ser gratos aos clientes, não importa o quão difícil possa parecer. Têm de saber tratar o cliente bem e agradecer por ele continuar comprando da empresa onde você trabalha.

A expressão de gratidão pelo cliente vem com outros dois importantes pilares. De nada adianta dizer "obrigado" e entregar um produto ou serviço que não atende às expectativas do consumidor. A gratidão tem de ser expressa por meio de um resultado surpreendente para o cliente. Para isso, é necessário produzir com qualidade e excelência.

Trabalhadores conscientizados sobre o valor da excelência estão em melhoria constante. A excelência deve ser aquela meta que todos vão buscar sempre. Não se satisfazer com o resultado entregue ontem, sempre buscar o melhor no dia de hoje.

A metodologia de qualidade propõe que o dia de hoje seja melhor que o dia de ontem, e o dia de amanhã seja melhor que o de hoje. Com a tendência humana de se acomodar após entregar um produto ou serviço e atingir a satisfação do cliente, tem muita empresa e funcionário que se acomoda e quer entregar sempre o mesmo.

A liderança próspera deve ficar longe dos males da acomodação. Uma equipe bem formada precisa estar sempre se perguntando: como podemos fazer melhor para próxima vez? Como podemos atender as necessidades que nossos clientes não comunicaram? Como providenciar uma experiência ao cliente com nosso produto ou serviço que o faça se emocionar? Como ser lembrando pelo consumidor pelos bons produtos que fornecemos?

Em tempos de mudanças constantes, é essencial antecipar-se em qualidade na entrega do serviço. Você, como líder, deve mapear quais são as partes do departamento que você lidera que impactam na qualidade percebida pelo consumidor. E toda a equipe deve se preocupar com a experiência do cliente.

Conscientizar funcionários para a excelência no que fazem é mostrar a todos que a excelência não é um destino, e sim uma jornada. Sua empresa pode produzir e entregar o melhor produto possível e proporcionar ao cliente uma experiência gratificante. Mas, após fazer isso, a régua do cliente que mede experiência e qualidade vai chegar a um novo padrão.

Um bom produto, quando entregue, acarreta um novo patamar de expectativa. A partir de determinado ponto, o cliente não aceita nada inferior àquilo que está acostumado. Por isso a importância de a equipe conscientizar-se com a visão de excelência: é a jornada que faz a excelência. Nunca estão acomodados com os resultados do passado.

Resultado do passado não garante resultado no futuro.

É preciso entregar mais em todas as circunstâncias – como se a excelência fosse um ponto no horizonte e, conforme você caminha, o ponto afasta-se porque uma nova perspectiva se abre durante o percurso.

Trabalhar por excelência é ter o prazer de continuar caminhando para fazer cada vez melhor. E não ficar estagnado com o último resultado entregue. É se desafiar a sair do lugar e continuar na busca de novos horizontes, cada vez melhores para o cliente.

Uma das primeiras histórias que trouxe para o tema de liderança tem mais de vinte anos. Eu estava esperando para falar com o diretor industrial de uma fábrica. Enquanto aguardava minha vez, chegou uma moça para varrer o chão. Nas mãos, ela trazia balde, vassoura e pá. Começou a varrer, levantando um pouco de pó.

Costumo dizer que um nariz "normal" sequer teria percebido. Mas o meu, um pouco avantajado, percebeu – e espirrou. No segundo espirro, vi uma cena digna de aplausos. De uma profissional feliz, de uma trabalhadora de qualidade total, de uma trabalhadora que jamais ficará sem trabalho no Brasil. Ela chegou até mim com o balde, vassoura e pá, e com uma atitude de qualidade total, de uma profissional de primeira classe, de uma profissional para os dias de hoje, e disse:

"Com licença, moço. Você se incomodaria de esperar na sala ao lado? Ali eu já limpei, está gostoso. Até passei um Bom Ar. O senhor se incomoda?"

"Moça, muito obrigado."

"Queira me acompanhar, por favor", disse e me levou até a sala ao lado. "Olha como aqui está gostoso", completou.

"Puxa, está uma delícia."

"Pode ficar sossegado. Na sua hora, eu venho correndo chamar ou a secretária vem."

"Moça, muito obrigado."

"Eu que agradeço a compreensão."

Ali eu tirei um bloquinho do bolso e anotei minha primeira história para apresentar em minhas palestras. Aliás, a considero uma das mais importantes. Era uma moça com balde, vassoura e pá na mão, mas, acima de tudo, ela tinha um propósito. Um propósito que não era varrer o chão; era deixar o ambiente limpo, gostoso e agradável para que quem chegasse se sentisse bem.

Esse tipo de pessoa passa por aqui e leva uma vida feliz e em paz. É duro ser apenas um executor de tarefas. Uma faxineira que só realiza tarefas é a mesma que fica incomodada quando você está no local. Ela pode não dizer, mas pensa: *Esse aí, me atrapalhando varrer o chão*. Esse tipo de mentalidade, sem consciência da importância do cliente, precisa ser mudado. Nosso trabalho é a busca da satisfação total de nossos clientes. E isso começa com a conscientização da importância do trabalho e dos clientes da empresa na vida do trabalhador.

É preciso desenvolver, por meio da conscientização da equipe, propósitos maiores. Assim, os colaboradores irão se engajar com o trabalho e terão vontade de fazer mais e melhor. Abandonarão suas crenças sobre trabalho, resignificando a relação com o trabalho. É a devida importância dada ao trabalho que transforma indivíduos comuns em grandes pessoas.

Capítulo 6

O potencial transformador da educação

"A maior habilidade de um líder é desenvolver habilidades extraordinárias em pessoas comuns."

Abraham Lincoln

O ser humano busca um propósito para realizar seu trabalho. Mas muitos não conseguem, sozinhos, encontrar significado no que fazem. Essa dificuldade pode ser decorrente de crenças negativas adquiridas ao longo da vida.

Uma criança cujos pais reclamavam de seus empregos tende a formar em sua mente uma imagem negativa do trabalho. Quem acha que ele é algo ruim não vai se dedicar completamente a ele. Vamos pensar: quem você conhece que tem uma imagem negativa sobre algo e mesmo assim se dedica arduamente? Percebemos que pessoas não se dedicam de corpo e mente fazendo algo que não acreditam.

Por isso, uma liderança de alto desempenho precisa seguir estes dois primeiros passos: a conscientização e a educação. Eles não podem ser ignorados; são os alicerces da construção de uma boa liderança. Se você quiser fazer algo grande, precisa dedicar-se a eles antes de seguir em frente.

A base de uma boa liderança é conscientizar os funcionários e, depois disso, educar os funcionários. Se você começar a promover outras mudanças ou cobranças em sua equipe sem se certificar de que os dois passos iniciais foram atendidos corretamente, existe a grande possibilidade de insucesso em suas ações.

É preciso contar com uma equipe energizada, capaz de assumir responsabilidades. Por mais direcionamento que a liderança forneça aos trabalhadores, eles serão responsáveis pelos seus atos quando estiverem conscientes da importância do trabalho na vida deles e quando estiverem educados para fazer o que precisa ser feito.

Educar: o segundo passo para uma liderança próspera

Já parou alguma vez para refletir sobre por que erramos? Eu erro, você erra, nossos amigos erram, nossos funcionários erram, nossos familiares erram e as pessoas que consideramos inteligentes cometem erros todos os dias.

Todos nós erramos, mas nós não somos um erro.

Cometemos diversos tipos de erros em nossa jornada, seja na vida pessoal ou na trajetória profissional. Costumam ser erros comuns. Por exemplo, pais que gritam com os filhos na tentativa de fazê-los mudar um comportamento – mas os gritos e o desequilíbrio emocional não são a melhor alternativa para educar. Erramos também ao discutir com o cônjuge de maneira agressiva ao tentar defender uma ideia.

Nas empresas, há líderes que passam instruções aos berros a seus funcionários, quando percebem que algo não está sendo feito de maneira correta. E tem o funcionário que faz gambiarra, ou seja, dá um jeito para resolver um problema descumprindo normas da empresa – tudo o que ele quer é resolver o problema.

Um funcionário pode errar ao tratar mal um cliente quando ele solicita a solução de um problema – este pode ser, por exemplo, decorrente do mau uso do produto. E, então, acaba sendo grosseiro ao responder para ele. Outro erro é tratar mal um vendedor que tentou empurrar um produto pelo qual não nos interessamos.

No dia a dia, cometemos diversos equívocos no tratamento de pessoas, mas eles não se limitam apenas aos relacionamentos: também cometemos erros conosco em diversas situações. Por exemplo, quando comemos um alimento que nos faz mal, dormimos tarde sabendo que precisamos acordar cedo no dia seguinte, procrastinamos tarefas importantes da vida, não damos a devida atenção à saúde, deixamos de estudar algo importante para o futuro, entramos em uma zona de conforto em vez de procurar aprender e evoluir sempre.

Mas, afinal, por que cometemos tantos erros? Quando olhamos sobre a ótica da programação neurolinguística, ela nos explica que praticamos ações negativas, com as quais podemos nos arrepender depois, porque não temos outras ferramentas que conseguimos acessar para resolver aquela situação no momento.

Essas ferramentas, contempladas pela programação neurolinguística, são recursos aprendidos durante a vida para resolver problemas. Tomemos por exemplo a primeira situação, um pai que grita com o filho na tentativa de mudar um comportamento que ele julga inadequado para a criança.

Esse pai, ao se deparar com o filho fazendo algo indevido, tenta mudar a situação. Ele quer o bem do filho, porém nunca havia sido educado em psicologia infantil. Não sabe como lidar com a situação, apenas que precisa fazer algo. Então ele lança mão dos recursos disponíveis para resolver o problema.

E qual é o recurso? Ele se recorda da infância. Lembra de que seus pais gritavam com ele. Então, grita com o filho. A criança, assustada, não repete o que o pai proibiu. Logo, na mente do pai, ele confirmou o que pensava: *Gritando, eu consigo que meu filho não faça algo errado.*

Gritar não educa e não conscientiza a criança. Mesmo assim, gritar proporcionou ao pai o resultado esperado.

Isso se repete em praticamente todos os comportamentos negativos de nossa vida. Tendemos a replicar comportamentos que deram certo uma vez: o líder que trata os funcionários aos berros, o casal que se ofende nas discussões, o funcionário que resolve as dificuldades sempre com uma gambiarra.

A programação neurolinguística demonstra que, mesmo os comportamentos que classificamos negativos, não são realizados intencionalmente, e sim pela falta de meios adequados para resolução de determinada situação. Pessoas mais preparadas, com os recursos necessários, vão resolver as mesmas situações de formas diferentes, buscando uma forma que seja mais recompensadora para os envolvidos.

O líder que forma uma equipe mais assertiva é, acima de tudo, um líder educador. Neste momento você pode estar preocupado e pensando: Alfredo Rocha, além de todas minhas funções como líder, além de apoiar minha equipe, além de inspirar e influenciar meus funcionários, eu ainda terei que conscientizar e educar minha equipe? Não tenho tempo para isso!

Quero tranquilizá-lo se essa preocupação ou alguma outra parecida com essa surgiu em sua mente. Os dois primeiros passos que abordamos – conscientizar e educar – não vão tomar muito de seu tempo. Além disso, a recompensa mostrará que vale a pena.

Você poderá educar e conscientizar seus funcionários em conversas rápidas. Muitas delas não levam nem dez minutos e podem ser feitas durante uma pausa para o café, uma viagem, no trânsito ou em um bate-papo, por exemplo. Em situações corriqueiras pode surgir um tema e você aproveita o momento para educar a equipe sobre como reagir. O líder precisa comprometer-se com a educação dos funcionários: não pode apenas delegar essa responsabilidade ao departamento de recursos humanos.

Sim, eu sei que em grande parte das organizações é a área de recursos humanos, o RH, quem fica responsável pela formação dos funcionários. Mas é o líder quem está mais próximo da equipe e quem observa o comportamento no dia a dia de seus liderados. Portanto, consegue ter uma percepção melhor do que o pessoal de RH.

Esse departamento compreende as demandas da massa organizacional, projeta formações importantes para a educação de todos, porém alguns vão assimilar e aplicar mais rápido que outros. Alguns podem implementar no começo as mudanças e depois voltarem ao comportamento indesejável. Por isso a liderança deve ser parceira da área de RH quanto a educar os funcionários.

Cabe ao RH aplicar treinamento para conscientizar e educar os funcionários da empresa, por exemplo, quanto à importância do uso dos equipamentos de proteção individual, conhecidos pela sigla EPIs. Contrata-se um bom especialista para falar sobre o tema, reúnem-se os funcionários, serve-se um saboroso café com bolachas, pão de queijo, lanches e salgados no intervalo do treinamento. Todos os colaboradores ficam satisfeitos, principalmente com o café. Com base na avaliação dos próprios funcionários, o RH considera o treinamento um sucesso.

Porém, cerca de três semanas após a realização do treinamento, verifica-se que alguns colaboradores participantes do treinamento seguem sem utilizar o EPI, embora todos tenham sido conscientizados e educados em relação à importância de se proteger, de que a utilização dos equipamentos pode salvar vidas e evitar acidentes.

Lembremos que existem colaboradores de primeira, segunda e terceira classes. É de se esperar que os de primeira classe tenham aderido logo ao uso de EPIs, pois são participativos e responsáveis. Se a conscientização proposta foi bem realizada, é provável que os de segunda classe também tenham aderido ao uso de EPIs – pois eles são influenciáveis. Mas nas equipes também há os colaboradores resistentes a mudanças: estes podem continuar realizando seu trabalho da forma que julgam melhor, sem querer mudar nada.

O líder que trabalha ativamente na educação da equipe é capaz de corrigir desvios desse tipo. Pessoas não erram porque querem, e sim porque não estão educadas para fazer o correto. Ninguém sai de casa dizendo para a família: "Hoje eu vou errar um monte na empresa". E quando chega à noite o filho pergunta: "Pai, cometeu muitos erros?". E o pai responde orgulhoso: "Fiz tudo de errado". Pessoas cometem erros, também, porque ainda não estão educadas o suficiente na importância de corrigir seus atos.

Se o líder não se responsabilizar pela etapa de educar seus funcionários, quanto mais vezes tiver uma atitude errada, mais difícil fica para aquele funcionário mudar. Quanto mais se acostuma com um hábito, maior dependência as pessoas criam. O líder precisa, então, entrar ativamente na tarefa de educar sua equipe para evitar que hábitos negativos se perpetuem e disseminem pelo departamento que ele lidera.

Em relação à educação da equipe, por onde o líder deve começar? Em primeiro lugar, a missão da empresa: seus princípios, valores e filosofia.

O funcionário educado nesses aspectos sabe o que a empresa espera dele. É essencial que o funcionário viva os valores organizacionais – e isso só se torna possível para quem foi educado na importância desses valores. Por exemplo, em uma empresa que tenha valores como respeito, integridade, excelência, diversidade, inovação, paixão pelo cliente espera-se que seus colaboradores reflitam o mesmo.

É ingenuidade supor que, durante um processo de integração, basta entregar uma cartilha ao funcionário – isso não fará dele alguém que viva todos os valores organizacionais. Cabe ao líder educá-lo nesse sentido.

Se o líder presenciar o colaborador agindo com desrespeito em alguma situação, precisa educá-lo, evidenciando que respeito é um dos principais valores da corporação. Se ele tiver atitudes ou usar palavras preconceituosas, o líder deve educá-lo conversando e reiterando o valor à diversidade.

A palavra educar vem do latim. É formada de outras duas: *ex*, fora, e *ducere*, conduzir. Educar é o ato de conduzir para o exterior algo já existente no interior do ser humano. Sabemos o que é respeito, porém nem sempre somos respeitosos. O líder educador é capaz de extrair essa qualidade de seus liderados, influenciando, inclusive, toda a equipe a se comportar respeitosamente, seguindo os valores organizacionais.

Só é possível educar alguém se também investirmos em nossa educação. Não podemos aceitar um comportamento de "um cego guiando outro cego", como frisa o ditado popular. Isso significa que, se o líder não educar a si próprio, ele será incapaz de educar os demais.

Certa vez, eu estava em minha chácara, com minha então namorada e com meus amigos. As mulheres estavam na piscina. Os homens jogavam truco e bebiam cerveja. O churrasco estava sendo preparado. De repente, uma das amigas da minha namorada gritou:

"Tem um sapo chegando aqui!"

A mulherada começou a se agitar com a proximidade do bicho.

Como dono do local, eu me comprometi a resolver o problema. Como alguém resolve um problema? Com base em nossos paradigmas, nas informações que possuímos: com base em nossa educação. Então, para solucionar o problema peguei uma enxada e fui na direção do sapo.

"Cadê o sapo?", perguntei, com a enxada nos ombros.

De repente, observei um garoto de 8 anos, o Bruno. Ele protegia o sapo e o direcionava para fora da piscina.

"Bruno, dá licença para o tio", disse me aproximando com meu senso de educação.

"O que é isso, tio?", perguntou ele, com os olhos esbugalhados.

"Dá licença que o tio vai arrebentar esse sapo."

"Tio, de jeito nenhum", respondeu o garoto. "Não se pode matar um animal."

"Bruno, isso não é nada. É só um sapo."

Veja os paradigmas de minha geração, que não dá o menor valor a pequenos animais. As novas gerações têm uma visão completamente diferente em relação a diversos assuntos, inclusive os socioambientais.

"Tio, jamais. Só se mata um animal em duas circunstâncias. Primeiro, se ele estiver ameaçando a vida humana. E este sapo não ameaça a vida de ninguém. Segundo, se o ser humano está com fome e precisa comer o animal. O senhor vai comer este sapo?"

"Não, Bruno. Tem costela, tem picanha, tem mandioca. Não vamos precisar de sapo."

"Então não pode matar o sapo!"

A partir de meus conhecimentos, eu ainda tentei tirar mais um argumento poderoso:

"Bruno, faz tempo que não chove. É uma simpatia, Bruno. A gente mata o sapo, deixa de barriga para cima. Conforme ele seca, atrai chuva."

"Isso é conversa", respondeu o menino, destruindo minhas ilusões de infância na roça. "Inclusive, este sapo não pode ser morto se considerarmos o equilíbrio do ecossistema da sua chácara e das vizinhas."

Eu com a enxada na mão mirando as costas de um sapo, e um menino de 8 anos mudando meus conceitos. O garoto grudou no sapo e o levou para fora da chácara. Cheguei a escoltá-lo por alguns metros para ver se ele desistia. Voltei para o truco quando percebi que não tinha jeito.

Quatro meses depois, eu estava em Sinop, ajeitando minha gravata para palestrar na Associação Comercial. Foi quando um pernilongo sentou-se no espelho. Ele era gordo e barrigudo – e aquele sangue era meu. O instinto já veio com tudo. Peguei uma toalha de rosto, enrolei-a e bastava uma única pancada. Mas o Bruno me veio à cabeça. Vai que esse bicho faz parte do equilíbrio de algum ecossistema dessa região e eu não estou sabendo. Foi assim que eu, um homem com mais de 40 anos, abriu a janela e escoltou um pernilongo para fora.

Nunca é tarde para aprendermos algo diferente. Precisamos continuar aprendendo. E, nos dias de hoje, aprendemos com pessoas diversas. Lembre-se: as mais jovens têm muito a nos ensinar.

Os jovens nasceram em meio à tecnologia. O que para algumas pessoas com mais idade pode parecer difícil dominar, as novas gerações parecem ter nascido digitando, programando, interagindo nas redes sociais e conquistando públicos imensos. Muitos jovens de 18 anos recebem mais por mês do que profissionais com vinte anos de empresa.

Temos muito a aprender com os jovens, mas também muito a ensinar a eles.

Líderes mais jovens não devem ignorar as gerações que os antecederam. Os mais velhos passaram por dificuldades que você, líder jovem, também vai enfrentar. Os mais velhos acumularam experiências que, compartilhadas com gerações mais novas, auxiliam a conquistar resultados. Se, hoje, gerações mais novas conseguem alcançar metas e produzir resultados de forma mais rápida, é graças ao acúmulo de aprendizados deixados pelos mais velhos.

Há espaço para todas as gerações de líderes dentro das empresas, o que não há espaço é para líderes que deixaram de se educar para o futuro.

O processo de educação de um líder inicia-se por meio do conhecimento dos princípios e valores da organização na qual trabalha. Não é possível, portanto, transmitir os valores da empresa para seus liderados se o próprio líder não os vivenciar. Neste ponto voltamos à seguinte lição: um líder influencia por meio da ação, não com palavras.

Se um dos valores da sua organização é ética, você deve aplicá-la em todas suas relações: com clientes, fornecedores, funcionários e colegas de trabalho. Para ser ético, é necessário valorizar a transparência. De nada adianta palavras bonitas se elas forem vazias de significado.

Quando você precisa fechar um contrato com um cliente, utiliza as técnicas de negociação de forma ética? Quando você recebe uma demanda de outro departamento da empresa, é ético ao atendê-la? Quando um superior pede um trabalho, você é ético durante a execução e entrega da tarefa delegada? Essas posturas reverberam em seu departamento e servem de base para educar os seus colaboradores.

Nada educa mais que o exemplo.

Cada empresa tem seus próprios valores. Eles foram propostos pelos fundadores, acionistas e diretores. Os valores são o que os dirigentes da empresa pregam como comportamento modelo para todos os colaboradores dentro da organização.

Os assuntos que discutimos anteriormente devem ser replicados para cada um dos valores dentro da empresa que você lidera. Se ela tem como princípio o respeito, seja alguém que trata a todos respeitosamente. O líder que se comporta com base nos valores exigidos pela empresa tem força moral para cobrar o mesmo de seus liderados.

O próximo passo na educação de um líder é se colocar em um processo de constante aprendizado. Durante toda a vida, um líder tem de buscar aprender algo novo.

Bill Hybels, fundador da Global Leadership Summit, um grupo de treinamento para líderes, diz que "quando um líder para de aprender, deve também parar de liderar". É uma frase forte, mas que reflete a necessidade dos tempos de hoje.

Enfim, o líder precisa estar em constante evolução tanto pessoal como profissional. E, para isso, o processo educacional deve ser contínuo. A evolução pessoal é necessária a todos nós – sobretudo para os líderes, pois eles estão influenciando mais pessoas.

Essa evolução acontece quando o líder amplia o autoconhecimento, reconhece os pontos fortes e identifica os que precisam de desenvolvimento. Adquire, também, um domínio maior do seu temperamento e, consequentemente, mais inteligência emocional, passando a ser exemplo para os demais – não um demagogo.

A evolução pessoal vai refletir, obviamente, em seu desempenho profissional, mas ainda assim o líder precisa continuar se educando para ser um profissional melhor. É necessário atualizar-se com as mudanças mais relevantes em sua área de atuação, especializar-se em temas importantes para o negócio, aprofundar-se nos conhecimentos sobre gestão de pessoas.

Durante o processo de educação, o líder precisa se reciclar.

A reciclagem educacional engloba três etapas: aprender, desaprender e reaprender. Aprender, conforme já dissemos, é uma jornada constante na vida do líder: ele sempre vai precisar se manter bem qualificado, bem informado, bem-educado intelectualmente e agir conforme valores importantes para as relações humanas. Não é apenas aprender, em seu processo educacional, o líder próspero precisa também desaprender.

A forma como as empresas eram administradas há anos não é mais satisfatórias. O entendimento relativo à logística do passado, por exemplo, não supre mais necessidades atuais dos clientes – hoje eles compram pela internet e querem receber o produto quase que imediatamente. Além disso, a forma como os trabalhadores eram vistos dentro do quadro organizacional há três décadas não é suficiente para motivar os funcionários do terceiro milênio.

O jeito de captar clientes mudou, também. A forma como vendemos não é mais a mesma. A tecnologia transformou o modo de produzir e de interpretar as informações do mercado. Utilizar métodos aprendidos durante sua formação escolar ou em alguma especialização certamente pode não ser suficiente para gerar bons resultados no cenário atual.

Não estou dizendo que temos de jogar fora todo o nosso aprendizado, mas que é necessário um olhar cirúrgico sobre os problemas organizacionais. Muitos deles podem ser gerados por métodos inadequados para um mercado em constante mudança. Por isso desaprender é essencial ao líder de hoje.

É recomendável que o líder próspero não se apegue ao jeito antigo de fazer determinadas coisas, reconhecendo, portanto, que elas definitivamente mudaram e que precisam ser desaprendidas – claro, se não produzirem mais resultados.

Eis a terceira etapa do processo de educação do líder: é preciso, primeiro, o aprendizado constante, depois desaprender algumas coisas e, por último, reaprender. Isso inclui, por exemplo: reaprender os novos paradigmas empresariais, como os clientes se comportam atualmente e o que motiva os funcionários das gerações Y e Z.

Vale, ainda, reaprender como conviver bem com as diferenças. Reaprender a ter qualidade de vida mesmo em um mundo que demanda e exige tanto da gente; afinal, o líder que não souber ter uma vida equilibrada sofrerá impacto negativo direto tanto em sua carreira como em sua vida pessoal.

Para reaprender precisamos de humildade. Não importa a idade ou o nível de escolaridade, sempre temos a possibilidade de reaprender sobre um assunto. Assim como eu aprendi com um menino de 8 anos a importância de cuidar de um sapo para manter o equilíbrio do ecossistema, no meio corporativo sempre temos oportunidades diárias de reaprender algo novo.

Durante a Copa de 2014, no Brasil, ocorreu um fato que podemos dizer que viralizou (para usar um termo comum na internet). Após uma das partidas, a torcida japonesa retirou sacos de lixo das bolsas e começou a recolher o lixo que eles haviam deixado no estádio. O ocorrido ganhou repercussão nacional, foi noticiado nos principais telejornais do país e as imagens percorreram a internet. O gesto dos japoneses foi elogiado por muitos brasileiros, uma vez que não estavam acostumados com esse tipo de atitude nos estádios. Do outro lado do mundo, a notícia repercutiu de forma diferente. Para eles, era óbvio: precisavam cuidar do espaço do qual utilizaram – posso garantir por experiência empírica de quem fez muitas palestras em empresas japonesas, americanas e de outras nacionalidades. O que percebo nessas empresas é alto desempenho – mas elas não são formadas por estrangeiros, funcionários que cruzaram o céu em aviões lotados para virem trabalhar na sede da empresa no Brasil.

Nelas vejo brasileiros conscientizados com a importância da qualidade, educados para atingir alto desempenho. Por isso, não desista do seu pessoal, não tente encontrar super-homens ou mulheres-maravilhas, pois é perda de tempo.

Pessoas perfeitas existem somente no cinema. Pare de tentar encontrar pessoas prontas. A missão do líder é desenvolver pessoas. Dedique tempo para transformar os membros da sua equipe em pessoas extraordinárias, conscientes e educadas.

Uma equipe de primeira classe, uma equipe que não veio pronta, mas que você, como líder, ajudou a lapidar.

É possível replicar o conhecimento adquirido ao desenvolver pessoas. Se um dia uma pessoa de primeira classe deixar sua equipe, você sabe que será capaz de desenvolver as capacidades de um novo colaborador.

Isso mostra, também, que você não é um líder que fica na dependência de encontrar no mercado uma pessoa perfeita. Pelo contrário, tem capacidade para ajudar o novo colaborador a extrair o seu melhor potencial.

Educar é trazer para fora as capacidades de uma pessoa.

Capítulo 7

Treinamento como ferramenta de transformação empresarial

"Investir em treinamento é caro. Não investir é muito mais caro."

Comandante Rolim

Grande parte dos líderes ignora a necessidade de conscientizar e educar sua equipe. Por isso, não conquista os resultados esperados.

A liderança de resultado é construída com base na metodologia correta. O método para a formação de grandes líderes que trago para você nestas páginas é testado durante anos.

Em primeiro lugar, construa uma equipe conscientizada da importância do trabalho. Quebre as barreiras emocionais que ela tenha em relação a trabalho. Pessoas que não gostam de trabalhar não vão produzir grandes resultados.

Feito isso, trate de educar toda a equipe segundo valores organizacionais. Deixe claro como devem se comportar dentro da corporação, o que a empresa espera deles, quais são os resultados almejados e posturas desejadas na equipe. Assuma a responsabilidade de educá-la e não espere encontrar profissionais prontos.

Com essas etapas colocadas em prática, você, como líder, precisa preparar os funcionários para atingir um nível de excelência profissional que conduza a empresa a altos índices de desempenho.

Treinar: o terceiro passo para alcançar uma liderança próspera

É praticamente impossível um profissional ou uma empresa atingir níveis de excelência sem treinamento constante. E, quando digo treinamento constante, reforço duas ideias já abordadas: repetição e jornada.

Treinamento é o pai e a mãe da excelência.

Treinamento é uma jornada porque nunca se termina de treinar, assim como nunca se para de aprender. Em um time educado, é exigido que os trabalhadores aprendam sempre.

A era da transformação digital, chamada por alguns de revolução digital, veio para mudar a forma como trabalhamos. Muitos se preocupam, acreditam que o desemprego pode aumentar em decorrência das mudanças.

Observamos que as empresas digitais da atualidade geram a mesma riqueza que as grandes montadoras de veículos do passado. Elas conseguem fazer isso com dez vezes menos funcionários.

Essa mudança não vem para desempregar as equipes treinadas, e sim para gerar prosperidade. Afinal, as empresas buscam funcionários treinados para enfrentar a revolução digital. Assim, o treinamento de sua equipe deve ser uma jornada; eles foram treinados em um determinado aspecto, mas o treinamento nunca acaba. Você deve levantar as dificuldades da equipe e desenvolver um novo treinamento para capacitá-los.

Como disse Aristóteles: "Nós somos o que fazemos repetidamente. A excelência, portanto, não é um ato, mas um hábito". Para criar uma equipe de excelência é necessário repetir constantemente o treinamento. Muitos funcionários experientes caem na armadilha do "eu já sei".

Quando um funcionário experiente começa a não entregar os mesmos resultados, é por falta de treino.

Vendedores de alto desempenho muitas vezes despencam suas vendas – e nem o líder nem o próprio vendedor sabem por quê. A razão é que esse vendedor parou de treinar. Ele se transformou em um repetidor de tarefas sem consciência. A ação mecânica faz os resultados serem interrompidos.

O processo de aprendizado humano acontece em quatro etapas.

O primeiro estágio de aprendizagem humana é o incompetente inconsciente. Nessa fase, a pessoa não sabe o que ela não sabe. Isso acontece dentro da organização quando um colaborador novo se junta ao quadro de funcionários.

Ele terá contato com coisas novas, desconhecidas para ele até então. Quando alguém nem sabe que não sabe fazer algo, chamamos essa fase de incompetente inconsciente, ele nem sabe que não sabe fazer, pois desconhecia a tarefa até aquele momento.

Após esse primeiro contato com uma tarefa nova, o funcionário passa para a segunda fase. Aqui o trabalhador já conhece a tarefa, mas ainda não sabe executá-la; ele precisa de treinamento a fim de se tornar apto para realizar o que for necessário dentro de sua função. Esse estágio é conhecido como incompetente consciente, a pessoa sabe o que não sabe fazer. Ela reconhece suas limitações e que precisa aprender.

Para sair da fase dois, o funcionário precisa ser capacitado. Essa capacitação acontece com treinamento ou coaching, por parte do líder ou de algum funcionário mais experiente da empresa.

Após o funcionário receber o treinamento e praticar durante um tempo sua função, ele passa para a terceira fase do aprendizado que é ser uma pessoa competente consciente. Ele conhece a tarefa e sabe como executá-la.

Conforme o tempo passa e o funcionário começa a praticar repetidamente a mesma tarefa, ele avança para a quarta fase do aprendizado

– e aqui mora o perigo. A quarta fase do aprendizado é conhecida como competente inconsciente.

Significa que a pessoa sabe fazer a tarefa e já a executa sem precisar focar toda a atenção nela. Para ilustrar podemos comparar a dirigir um carro. No início, dirigir se mostra uma tarefa difícil. Após um tempo, o motorista não precisa focar muita atenção para trocar de marcha, ajustar o retrovisor. São tarefas realizadas de forma automática. Tal automação é passível de erros.

Quando achamos que já dominamos tudo sobre um assunto, é comum cometermos erros. Motoristas experientes batem o carro não porque não sabem dirigir, mas porque entraram na fase de competentes inconscientes – e a falta de atenção consciente leva a cometer erros.

A repetição consciente leva a excelência, a repetição automática leva a erros. A melhor maneira de fazer o funcionário voltar ao estágio três da aprendizagem, ser competente e consciente, é aplicando uma metodologia de treinamento. Ao treinar a equipe, você reforça os pontos importantes da execução da tarefa. Aspectos que durante o processo automático de repetição foram deixados de lado – e, agora, comprometem os resultados.

Conta-se a história de um jovem lenhador que certo dia chegou em uma fazenda e perguntou ao dono da propriedade:

"Quantas árvores seus homens cortam por dia?"

"Minha equipe é muito boa. Cada um corta cinco árvores por dia."

"Me dê uma oportunidade, me deixe trabalhar com sua equipe. Eu tenho técnica e entusiasmo e consigo cortar dez árvores por dia."

"Então comece amanhã", respondeu o fazendeiro, desconfiado das palavras do jovem lenhador. "Me prove que você corta dez árvores por dia e você será contratado."

O fazendeiro hospedou o jovem em sua fazenda e, na manhã seguinte, o aspirante ao emprego pegou seu machado e seguiu para o trabalho. No final do dia, ele havia cortado dez árvores. O fazendeiro ficou impressionado.

Na manhã seguinte, o jovem repetiu sua jornada. Cortou nove. O fazendeiro continuava satisfeito, nove árvores ainda era um número espetacular. No final do terceiro dia, foram oito árvores cortadas. O fazendeiro começou a notar que o rendimento do lenhador caía dia após dia – mas, ainda assim, o desempenho era ótimo.

A queda do desempenho prosseguiu. Sete árvores ao fim do quarto dia, seis no sexto. No fim da semana, o jovem cortava cinco árvores, como o restante da equipe. Foi quando o dono da fazenda, como bom líder, chamou-o para uma conversa:

"O que está acontecendo? No primeiro dia, você chegou aqui e alcançou a meta que tinha me dito. Ainda está com bom desempenho, mas seus números estão caindo dia após dia. E, agora, consegue cortar cinco árvores."

"Senhor, me perdoe", disse, envergonhado. "Eu não sei o que está acontecendo. Estou trabalhando como sempre. Inclusive, estou trabalhando mais nos últimos dias. Hoje mesmo foi quando levantei mais cedo para trabalhar, e fiquei até mais tarde. Estou me esforçando, não sei o que está acontecendo."

O fazendeiro, experiente, percebeu que o jovem falava a verdade. Inclusive, sentia-se chateado com a baixa nos resultados.

"Pegue seu machado", pediu o fazendeiro ao jovem.

Ele obedeceu e entregou, cabisbaixo, ao patrão. Aquele experiente homem olhou e analisou cuidadosamente o instrumento. Então, disse:

"Moço, quanto tempo faz que você afiou o machado?"

O rapaz colocou a mão na cabeça como alguém que havia entendido o que estava acontecendo.

"Senhor, desde que cheguei aqui não o afiei mais."

Dentro das empresas o treinamento é o instrumento que garante que o machado esteja sempre afiado.

Objetivos a serem alcançados ao treinar os funcionários

"Afiar o machado" é importante para realizar bem o trabalho. O "machado" dos trabalhadores é sua ferramenta de trabalho. É a capacidade intelectual necessária para executar uma tarefa e também são as ferramentas que utiliza em seu dia a dia: planilhas, editor de texto, software de gestão integrada, máquinas etc. A simples omissão de uma empresa em atualizar um programa de computador pode acarretar perda de rendimento a toda uma equipe.

Inteligência emocional e criatividade também são pontos a serem desenvolvidos nas equipes atuais. Todo treinamento deve ser desenvolvido com um objetivo específico para garantir o melhor rendimento da equipe.

O aumento da produtividade é uma das razões para as empresas investirem em treinamentos. Vimos as razões pelas quais uma equipe pode perder produtividade: conflitos com membros da equipe, desconhecimento do sistema informatizado utilizado, repetição automática de tarefas (sem a consciência de por que está fazendo daquele jeito).

Se a produtividade está em baixa, é hora de afiar o machado. Então, para atingir os resultados esperados a liderança deve conduzir o treinamento focado na deficiência atual da equipe ou do indivíduo.

Conflitos entre membros da equipe devem ser tratados com treinamentos específicos da área comportamental. Um líder educado em gestão de conflitos é bom conciliador nessas horas, capaz de minimizar problemas de convivência.

Outra questão que envolve o ato de treinar é a busca por um comportamento seguro dos funcionários dentro da empresa. Apesar de esse treinamento ser responsabilidade da área de saúde e segurança no trabalho, todo líder tem de garantir que sua equipe está comprometida com hábitos seguros – e treiná-los quando observar comportamentos inadequados.

É preciso treinar as equipes e prepará-las para viver a cultura organizacional. O treinamento tem de ser baseado na educação nos valores e princípios da empresa.

Não menos importante é o treinamento voltado para o atendimento ao cliente. A empresa trabalha para ele e a satisfação dele é o que garante a recompra dos produtos fornecidos.

Treinar para atender bem deve ser prioridade para toda liderança. Uma equipe deve ser conscientizada da importância do cliente e educada para falar com o cliente da maneira correta.

> **O treinamento serve para capacitar as pessoas a fazerem cada vez melhor. O treinamento é a forma para qualificar os funcionários na empresa.**

Caminhos para desenvolver uma equipe

Como desenvolver uma equipe próspera? Levar toda a equipe para a primeira classe é seu objetivo. Nessa tarefa você deve contar com a ajuda dos funcionários que já estão na primeira classe.

Uma das formas de treinar toda a equipe é utilizando o conhecimento dos funcionários de primeira classe para apoiar e ajudar os demais em seu desenvolvimento. Uma das maneiras que você tem para fazer isso acontecer é promovendo tarefas em equipes. Estas serão compostas por um funcionário de primeira classe e outros funcionários em desenvolvimento dentro do time.

O funcionário de alto desempenho passa a agir como um líder dentro da tarefa. Cabe a ele orientar os demais membros sobre como realizar a tarefa da melhor forma. Seres humanos buscam o senso de pertencimento – e mesmo que todos sejam membros de um departamento, algumas vezes não se sentem parte da empresa e do departamento, não se envolvendo de forma completa na execução das tarefas.

Ao criar uma tarefa que deva ser realizada por uma equipe dentro do seu time, você reforça o senso de pertencimento. Ao escolher alguém como líder na tarefa, você mostra para todo o time que reconhece pessoas de alto desempenho e reforça essa orientação para o restante da equipe.

Durante a execução da tarefa proposta, o comportamento de primeira classe desse funcionário passa a servir como referência para o resto da equipe. O nível de responsabilidade e proatividade que ele assume diante das tarefas são comportamentos que, quando acompanhados de perto pela equipe, servem como gatilhos para estimular o restante das pessoas a se comportar do mesmo modo.

Aprendemos muito por meio do espelhamento.

Isso é estudado e comprovado pela ciência. Quer alguns exemplos? Você já bocejou ou viu alguém bocejar apenas por olhar outra pessoa bocejando? Quando um bebê começa a chorar em um berçário, outros também o fazem.

A ciência explica: isso acontece devido a neurônios, as células cerebrais, que durante nosso desenvolvimento formaram-se para criar uma empatia nossa com outros seres humanos. Se existem neurônios que imitam comportamentos, quais comportamentos queremos que sejam replicados?

É claro que queremos replicar os comportamentos dos funcionários de alto desempenho. Ao criar grupos mistos para realizarem tarefas ou projetos, incentivamos que os demais funcionários aprendam por meio do espelhamento dos comportamentos desejados do líder.

Outra forma eficiente de proporcionar aumento da empatia no time e desenvolvimento dos funcionários é rotacionar a equipe em suas funções. Essa técnica funciona da seguinte maneira: uma vez por semana ou uma vez ao mês, conforme o tamanho da equipe, algum funcionário senta-se com outro colega de serviço para aprender sua função.

O aprendizado permite que o funcionário se engaje mais com o trabalho do colega, entenda quais as dificuldades que ele vive no dia a dia e, assim, aumenta o nível de empatia da equipe. Muitos colaboradores ficam fechados em suas funções e ignoram as dificuldades enfrentadas por parceiros dentro da organização. Ao rotacionar, você possibilita a vivência desses funcionários com os demais membros da equipe e um aprendizado mútuo.

Outro benefício dessa prática empresarial é ter uma equipe multifuncional, preparada para casos emergenciais, por exemplo, o afastamento de um funcionário ou mesmo saída permanente de um membro da equipe.

A rotina automática leva ao estado de competente inconsciente. Quando você coloca um funcionário para treinar o outro, ele agora terá que estar atento ao transmitir seus conhecimentos. Uma das melhores formas de aprender é ensinar alguém o que sabemos.

Rotacionar funções é uma forma de tirar os funcionários do estado de competente inconsciente e voltá-los a competente consciente.

O rotacionamento de funções – ou *job rotation* – contribuiu para a geração de novas ideias. Aqui podemos fazer um paralelo ao jogo de xadrez. Você já presenciou dois jogadores buscando a melhor jogada no tabuleiro e, assistindo de fora, conseguiu perceber o lance que não foi notado pelos competidores? Trazer alguém de fora para a função contribui para essa nova visão de jogo, possibilitando o surgimento de novas formas de se fazer as coisas.

Quando falamos em alto desempenho, relacionamos duas importantes palavras: eficácia e eficiência. Ser eficaz em algo que se faz é entregar o que foi prometido. É concluir uma tarefa. Eficiência é concluir utilizando menos recursos que outras pessoas ou empresas.

Uma empresa ou uma pessoa pode ser eficaz sem ser eficiente. O resultado é entregue, mas se gasta mais tempo, dinheiro e pessoal para realizar. Também é possível ser eficiente sem ser eficaz. Alguém se comprometeu a entregar um serviço com menos recursos, foram gastos menos recursos durante o processo, mas, no final, o resultado não foi entregue. O líder próspero constrói uma equipe que é eficiente e também eficaz.

Para criar um time que reúna essas duas qualidades, o líder deve contar com metas desafiadoras para desenvolver a equipe. Essas metas devem ser capazes de tirar a equipe da zona de conforto em busca de novos resultados empresariais.

Uma boa meta deve ser criada com base em cinco passos, conhecidos como SMART. A sigla vem do inglês Specific, Measurable, Attainable, Relevant, Time. Vamos utilizar os termos traduzidos: Específico, Mensurável, Atingível, Relevante, Temporal.

Ser específico ao traçar uma meta significa que você tem de passar instruções da forma mais clara possível para a equipe. Não adianta dizer "Nossa meta é aumentar as vendas". Qual a especificidade dessa frase? Aumentar em quanto? Dez reais a mais nas vendas é suficiente? Ser específico é dizer o quanto você quer atingir com a meta. Em vez de dizer "aumentar as vendas", diga "nossa meta é aumentar em 20% as vendas".

Como disse o estatístico e professor universitário norte-americano William Edwards Deming, "não se gerencia o que não se mede". Por isso, o segundo passo para se construir uma meta é mensurar o que está sendo pedido. Como você vai saber que atingiu o que planejou? Toda meta precisa ter uma forma concreta que demonstre ter sido alcançada. Se a meta é aumentar 20% as vendas, é preciso comprovar isso com um indicador do faturamento.

Metas podem ser fatores de motivação ou desmotivação. Tudo depende de como são elaboradas. Planejar uma meta não é apenas alocar valores em uma folha de papel.

O papel aceita tudo; seus funcionários, não.

Para que as metas sejam capazes de gerar motivação na equipe e, com isso, contribuir para a formação de um time de alto desempenho, os funcionários precisam de um terceiro passo: que elas sejam atingíveis.

Metas atingíveis são aquelas capazes de transmitir, aos funcionários, a crença de que podem conquistá-las, mesmo sendo desafiadoras. Traçar uma meta fácil não ajuda no rendimento da equipe; traçar uma meta inatingível, por outro lado, desmotiva o time. Trace uma meta desafiadora, mas atingível.

O quarto elemento de uma meta é sua relevância. Não adianta traçar uma meta só para ter uma meta. Ela deve ser relevante para a organização. Pergunte-se: o que a organização e a equipe ganham ao atingi-la? A equipe precisa ter a clareza de por que a meta proposta é importante.

Por último, toda meta deve ter uma mensuração temporal. Ela precisa ter uma data a ser concluída. Por exemplo, aumentar em 20%

as vendas não basta. É preciso dizer quando isso será concluído. Vai aumentar as vendas em 20% quando? No próximo ano? Daqui dez anos? Daqui dois meses? Isso precisa estar descrito na meta. Aumentar em 20% as vendas até fevereiro de 2020: eis uma meta com elemento temporal.

Metas são importantes ferramentas para desenvolver um time. Desafiam as pessoas a buscarem o melhor, servem como diretrizes do que é importante a se fazer no momento. Também indicam quais as dificuldades atuais da equipe. Com isso, o líder pode entender quais treinamentos ela precisa para chegar a novos resultados.

Uma das mais poderosas ferramentas de gestão de pessoas não custa um único centavo para ser colocada em prática em sua empresa.

O feedback tem a capacidade de desenvolver toda a equipe. E não custa nada para ser implementado na rotina diária. É a ferramenta do líder para direcionar a equipe aos resultados esperados. Para surtir efeito, entretanto, algumas regras devem ser consideradas.

Primeiro: o bom feedback deve ser imediato – ou, no máximo, em um período não superior a vinte e quatro horas do fato ocorrido. A aplicação precisa ser recente na memória do funcionário para o efeito emocional ser o melhor possível. Muito líderes deixam passar situações em que deveriam dar o feedback, guardando-o para um momento futuro. Com isso, deixam passar também a oportunidade de corrigir ou elogiar uma ação do colaborador.

Quanto mais tempo passa do fato ocorrido, mais os detalhes se perdem na memória do funcionário. E novas memórias podem se formar. A mente humana pode até alterar o fato original na cabeça da pessoa. Assim, ela acredita que as coisas não aconteceram da forma que estão sendo faladas – principalmente em casos de correção.

São dois os tipos de feedback: positivo e negativo. O primeiro tem a finalidade de reforçar algo bom que o funcionário fez; o segundo busca corrigir uma ação negativa cometida pelo funcionário na execução do trabalho.

O feedback positivo deve ser dado em público. Assim, toda a equipe é impactada pelo elogio ao funcionário. Ele é um reconhecimento de um trabalho bem realizado. Evidencia que o líder se importa com a equipe – e reconhece um bom trabalho.

O feedback negativo é mais difícil de ser dado. Muito líderes o procrastinam, e o efeito do retorno é perdido. Ele nunca deve ser aplicado em público. É recomendável que seja feito em particular, em uma sala de reunião – exceto em casos em que colaborador tenha tendência a ser violento; o líder pode contar com a presença de outro colega de trabalho.

O líder deve ir direto ao assunto, sem rodeios. Se o colaborador tomou uma atitude errada, ele já sabe por que foi chamado. Ficar circundando o assunto pode ser comprometedor para você.

Feedback negativo não é algo pessoal, e sim profissional. É sobre uma ação incorreta que o funcionário fez. Explique em que ponto ele falhou. Por exemplo: "Você gritou com um cliente ao telefone", "Você não cumpriu o prazo para entrega do relatório", "Você tratou mal uma colega de trabalho". Esclareça por que você o chamou, exemplificando com os detalhes das ações que motivaram o feedback.

Demonstre que você confia no trabalho da pessoa, mas que aquela atitude não deve ser repetida. Ao final, faça um acordo do tipo: "Posso confiar que essa atitude não vai se repetir?". O ouvinte precisa entender claramente qual o erro cometeu e se comprometer a não repeti-lo.

Quando usado corretamente, o feedback reforça atitudes positivas e, assim, aumenta as possibilidades de acertos. Inibe, também, atitudes negativas, educando os funcionários em relação aos seus erros e firmando um acordo de que eles não serão reproduzidos mais.

Desfrute da tecnologia disponível para treinar a equipe.

Se você percebe que seus colaboradores precisam se aperfeiçoar ou se aprofundar em alguma habilidade técnica ou comportamental, crie o hábito de compartilhar bons artigos para leitura. Indique vídeos disponíveis em plataformas de streaming e treinamentos de ensino a distância para seus funcionários. Seu papel como líder é selecionar bons cursos e sugeri-los, apoiando no desenvolvimento pessoal e profissional do time.

Elementos para ser eficaz nos treinamentos

A educação para adultos é um tema estudado pela andragogia. A forma como o adulto retém aprendizados é diferente da maneira como ocorre nas crianças. Por isso, o treinamento empresarial, para ser eficaz, precisa se basear em pilares corretos. Para atingir bons resultados, há seis fundamentos que devem fazer parte de um treinamento voltado para adultos.

Antes de tudo, o adulto precisa entender como ele vai aplicar aquilo que está aprendendo. Um funcionário vai aprender algo só se ele perceber que aquilo irá resolver um problema em sua rotina de trabalho. Enfim, todo treinamento para esse público deve partir da conscientização do problema.

Diferentemente das crianças, adultos buscam autonomia para aprender.

Permita que durante o treinamento os funcionários tenham autonomia para decidir e propor soluções para o problema vivenciado. Cada ser humano é único. E suas experiências não podem ser ignoradas durante o processo de treinamento.

Outro pilar para um bom treinamento é a utilização de experiências dos participantes para explicar, criar soluções e propor cases para estudo.

Adultos buscam mais interatividade durante o processo de aprendizado.

Além disso, faça o grupo participar de todo o processo de treinamento em conjunto. Em vez de ter um instrutor simplesmente falando, é mais dinâmico e interessante, por exemplo, rodas de conversa, dinâmicas etc.

O ambiente de treinamento precisa ser respeitoso e seguro para que todos possam expor suas opiniões.

O ambiente adequado é aquele em que as pessoas se sentem à vontade, sem medo de receber críticas por suas participações. O treinador tem de evidenciar que o objetivo é que todos possam aprender juntos, de forma colaborativa, ou seja, um aprendendo com o outro.

Por último, é importante que os funcionários tenham motivação para aprender. Isso pode ser conseguido por meio de feedbacks focados na evolução que o funcionário começar a demonstrar quando colocar em prática o que está aprendendo.

Aproveite o treinamento para estimular perguntas: muitas dúvidas do dia a dia podem ser levantadas nessa oportunidade, questões que geralmente não são discutidas e que agora podem vir à tona. Use essas dúvidas para gerar interação e favorecer o surgimento de novas ideias. De uma discussão vinda de uma sala de treinamento podem surgir grandes iniciativas a serem implementadas no ambiente corporativo.

Para impulsionar os resultados do treinamento, incentive os colaboradores a tomarem nota dos assuntos tratados – isso aumenta, e muito, a capacidade de memorização. Estimule, também, a reflexão sobre o que foi tratado, de modo que não recebam o conhecimento de forma passiva.

Treinamento é um processo contínuo, isto é, não basta fazer apenas uma vez. O líder deve propagar a cultura do aprimoramento contínuo, para que, após o treinamento, seus liderados sintam-se estimulados a sempre buscar conhecimentos em outras fontes.

Depois, você pode propor que os funcionários – aqueles que continuarem estudando – compartilhem com a equipe, em uma atividade específica, o aprendizado adquirido. Esse é um jeito de mantê-la alinhada, no mesmo nível, e de incentivar o compartilhamento de aprendizado.

Capítulo 8

Uma boa conversa pode renovar a capacidade da equipe

"Uma boa forma de resolver as coisas é na base da conversa. Mas, infelizmente, poucas pessoas pensam assim."
Rafael Silveira

Estamos cada vez mais desconectados em nossas relações humanas. Em contrapartida, a tecnologia favoreceu a conexão com um número maior de pessoas; porém, nossa conexão com o outro se tornou mais frágil.

É possível enviar mensagens instantâneas do aparelho celular para alguém do outro lado do mundo. Mas isso basta para dizer que conhecemos, convivemos e conversamos com tais pessoas?

Relacionamentos estão se transformando na era digital e muitos benefícios são colhidos. Podemos, por exemplo, restabelecer contato com parentes e amigos que moram distantes e muitos namoros e casamentos surgem com o auxílio da internet. Entretanto, a velocidade da informação tem comprometido a profundidade das relações humanas.

Qual foi a última vez que você ligou para um amigo a fim de desejar feliz aniversário? Quando foi a última vez que se reuniu com as pessoas que gosta para desfrutar de uma conversa? O quanto diminuiu nos últimos anos sua proximidade com pessoas importantes da sua vida?

A sociedade passa por um momento em que as relações humanas estão cada vez mais virtualizadas. Em vez de dedicarmos tempo e atenção às pessoas, enviamos mensagens curtas que representam, muitas vezes, uma preocupação superficial. Um "tudo bem?" poderia significar muita coisa para quem recebe a pergunta. Mas, no fundo, é uma praxe, nada mais que uma forma bem-educada de se iniciar uma conversa – muitas vezes não existe uma preocupação real em ouvir e entender se a pessoa está bem, em saber se ela enfrenta algum problema do qual podemos ajudar.

Muitas vezes quando dizemos "bom dia, tudo bem?", na verdade queremos ir direto ao assunto de nosso interesse. A virtualização das relações humanas ocasiona a falta de profundidade na vida do outro. Mesmo que a pergunta venha acompanhada de interesse genuíno e preocupação, nem sempre o outro vai expor suas necessidades pelo celular.

Ao encontrarmos alguém pessoalmente e perguntarmos, de forma genuína, se está tudo bem, caso não esteja é fácil perceber porque é possível fazer uma leitura da expressão do rosto e do gestual – ou seja, você percebe que ela precisa de ajuda ou que deseja se abrir.

Como líder, você não pode virtualizar a relação com os funcionários.

No papel de líder, você deve dar a devida importância à vida pessoal de seus liderados. A frase "problemas pessoais em casa, problemas do trabalho no trabalho" é boa na teoria, mas, na prática, não é bem assim.

O rendimento do colaborador pode cair porque está atravessando problemas pessoais. O contrário também acontece: pode estar enfrentando alguma pressão no trabalho e levar o estresse para o círculo familiar. Situações mal resolvidas impactam negativamente nos relacionamentos, tanto no ambiente de trabalho como em casa.

Não seja o líder "Copa do Mundo", aquele que seus funcionários sentem a presença somente a cada quatro anos. Não seja, também, um líder que só fala por e-mail com a equipe, nem aquele tipo que só se dirige à equipe para fazer cobranças.

Compartilho com vocês uma história que se conta dentro das organizações Bradesco. É sobre Amador Aguiar, fundador do banco e empresário muito querido e respeitado. Não sei se o relato é folclore ou realidade – de qualquer maneira, nos ensina uma lição valiosa.

Certa vez, Amador conversava com um grupo de gerentes em um treinamento que os preparava para assumir uma diretoria regional. O empresário pediu para lhe contarem como eles haviam ingressado no banco. Na vez de certo gerente, ele perguntou ao patrão:

"Você se lembra de quando o senhor estava construindo a sede em Cidade de Deus, em Osasco? Certa vez, o senhor chegou para conferir a obra, e as vidraças de uma parte da construção estavam quebradas. O senhor chamou o responsável e perguntou o que havia acontecido. Ele disse que alguns moleques tinham jogado pedras. Então, o senhor pediu para consertarem o vidro e para instalarem uma proteção exterior."

Amador Aguiar ouvia com muita atenção, em silêncio. O funcionário prosseguiu:

"Quando o senhor voltou, as vidraças estavam com telas, mas continuavam quebradas. O senhor questionou o responsável, ao que ele respondeu: 'Esses moleques são muito peraltas, colocaram um pedaço de ferro entre as telas e quebraram os vidros novamente'. Naquele momento, o senhor chamou o responsável do departamento de Recursos Humanos e pediu para contratar todos os moleques em um raio de cinco quilômetros para trabalhar na agência. Eu era um daqueles moleques que quebrou sua vidraça."

De um jovem que quebrava vidraças a um futuro diretor de banco: essa transformação na vida dele não correu por acaso e só foi possível graças às boas lideranças da agência bancária e da influência da figura de líder do senhor Amador.

A premissa básica era conscientizar aqueles jovens do que estavam fazendo, ensinando-os sobre as atitudes que o banco esperava deles. Eles precisaram ser bem treinados para se desenvolverem como funcionários do banco. Do mesmo modo, você, como líder, precisa ter proximidade com seus novos funcionários e sempre conversar com eles.

O poder da conversa

Faça uma observação social. Quantas pessoas você conhece que reclamam de sofrer com ansiedade? Quantas delas vivem em situações de estresse? Outra doença que cresce nos dias de hoje é a síndrome de Burnout, o esgotamento físico e mental gerado pelo excesso de trabalho.

Mas você pode argumentar: "Alfredo, eu sou líder na empresa, não médico; esses problemas não têm nada a ver comigo". Realmente, você não pode tratar nenhum problema de saúde, mas pode ajudar a prevenir que seus funcionários cheguem ao estresse e ao esgotamento.

Muitas vezes, como seres humanos, o que precisamos é de outro ser humano para nos ouvir. Alguém em quem confiamos para podermos compartilhar medos, angústias e preocupações. Não encontramos isso em relações virtualizadas.

Existem pessoas que usam as redes sociais para desabafar. Mas, além de não ser o caminho correto para tratar desse tipo, esse jeito não traz nenhuma melhora real para a situação vivida pelo indivíduo.

Em geral, quem expõe a vida privada de maneira desnecessária nas redes sociais recebe comentários ou críticas. Opiniões estas que ficam em seu feed. Poucas pessoas se comprometem a realmente visitar a pessoa e conversar sobre o assunto.

Se o problema que aflige a pessoa é de cunho pessoal, ela pode se sentir mais confortável em falar abertamente sobre o problema com outra pessoa que não seja da família. E quando não encontra ninguém para compartilhar suas aflições, seu nível de preocupação vai aumentando e começa impactar seus resultados na vida.

Para problemas profissionais, o mesmo é válido. Começa com uma situação desagradável que a pessoa pode ter vivido ou presenciado no ambiente de trabalho. Ela não quer preocupar a família com uma questão da empresa, mas a situação mal resolvida fica sendo remoída mentalmente – e começa a afetar a produtividade profissional.

Em ambos os casos, uma boa conversa ajudaria o profissional a encontrar um novo caminho.

A maioria das respostas é encontrada pela própria pessoa. Ela só precisa falar sobre o problema com alguém.

Seu papel como líder, então, é se mostrar acessível aos funcionários. Ser alguém em quem eles podem confiar para compartilhar dúvidas e preocupações. Esse vínculo entre líder e funcionário é favorável ao clima organizacional, à motivação da equipe e ao alto rendimento da equipe.

Porém, para uma conversa ser positiva é necessário desenvolver algumas habilidades de comunicação. Uma má comunicação, em vez de gerar bons frutos, acarreta desgaste no relacionamento profissional.

Qualidades necessárias para uma boa conversa

Nas palavras da professora norte-americana Deborah Tannen, "não há nada mais profundamente inquietante que uma conversa que não funcione". Buscar um diálogo com seus funcionários não é suficiente se você não se mostra pronto para desenvolver de forma saudável tal abordagem. E o primeiro passo para ter uma conversa saudável é saber ouvir.

Vivemos em um mundo em que as pessoas querem falar mais do que ouvir. Se prestarmos atenção à maioria das pessoas que nos cercam, muitas das vezes nós mesmos temos esse problema.

O termo diálogo significa "duas inteligências". E, portanto, para haver diálogo tem de haver duas pessoas envolvidas em uma conversa. Diálogo não é disputa de egos para ver quem fala mais ou conhece mais sobre determinado assunto. Diálogo são duas pessoas compartilhando seus saberes para agregar novos conhecimentos e saírem da conversa melhor do que entraram.

Existem pessoas que, enquanto estão falando algo, não prestam atenção no que está sendo dito. Em vez de se atentar ao interlocutor, ficam pensando em como têm uma resposta pronta. Esses indivíduos são péssimos comunicadores – afinal, para se comunicar bem é preciso saber ouvir atentamente e adequar a comunicação ao outro.

Comunicação é uma habilidade essencial para todo grande líder. Para desenvolver sua habilidade de se comunicar, comece pela capacidade de ouvir. Como disse Rubem Alves: "Sempre vejo anunciados cursos de oratória. Nunca vi anunciado curso de escutatória. Todo mundo quer aprender a falar. Ninguém quer aprender a ouvir". Falemos então sobre como ouvir melhor o outro durante uma conversa.

Antes de tudo, o líder que sabe conversar é aquele que sabe escutar.

A importância do foco para obter bons resultados é válida aqui também. Não fique pensando em como vai responder o que está sendo dito. Foque apenas no interlocutor. A pessoa, quando está desabafando sobre um momento difícil, muitas vezes precisa apenas falar – deixe, portanto, que ela fale.

Ouvir atentamente o que está sendo dito também o prepara. Ajuda a ser mais preciso em suas respostas. Mais que isso: ajuda a dar uma resposta adequada à situação do outro. Afinal, é extremamente frustrante quando alguém fala sobre algo e recebe uma resposta que não está relacionada com aquilo que foi dito.

Se a pessoa está desabafando é porque precisa de alguém para ouvir seus problemas. Ter como ouvinte alguém que não está prestando atenção só vai desmotivar ainda mais a pessoa a compartilhar sua situação. E pode fazer com que a pessoa se feche e se afunde mais no problema.

Foco na conversa inclui não atender ao telefone ou responder a mensagens que você pode receber enquanto fala com seu funcionário.

Sei que, como líder, você recebe diversas demandas – mas reservar alguns minutos para focar em uma conversa que vai aproximá-lo da equipe vale cada segundo.

Participe da conversa com boas perguntas. Quando alguém fala algo, é importante para a pessoa perceber que seu interlocutor está interessado. Faça com que seu colaborador perceba o interesse por meio de perguntas relacionadas ao que está sendo dito.

Outro ponto importante para reforçar o interesse na pessoa é ter uma linguagem corporal correta. É muito ruim conversar com pessoas que ficam com os braços cruzados, o semblante fechado ou olhando para outra direção. Descruze os braços, incline levemente o corpo na direção de quem fala e mantenha contato visual. Tudo isso demonstra interesse no que o outro tem a dizer.

Isso nos leva para outra habilidade fundamental na liderança: empatia. Ela é a capacidade de se colocar no lugar do outro – e isso não é tão simples quanto parece.

Por mais esforços que façamos, realmente não podemos nos colocar completamente no lugar do outro. Cada um tem uma experiência de vida única, formou suas crenças etc. Podemos até compreender as crenças dos outros para entender como eles agem, mesmo assim existem coisas que acreditamos que podem entrar em conflito durante uma conversa.

Por isso é fundamental não julgar o outro nesse momento. Aproximar-se empaticamente de coração com coração, sem julgamentos ou críticas, assim podemos chegar mais próximos de ser empáticos e efetivamente ajudar o outro naquilo que necessita.

A empatia é uma capacidade que verdadeiramente nos faz humanos. Por meio dela, nutrimos compaixão, bondade e amor. Os jovens hoje enfrentam dificuldades em iniciar uma conversa aberta: são vítimas da necessidade de controle das coisas.

Em um diálogo não podemos controlar o que vai ser falado, tampouco para onde a conversa deve seguir. Às vezes podemos nos deparar com um assunto que não nos agrada – é em situações assim que precisamos praticar a empatia.

Empatia é um caminho para nos afastarmos das bolhas que estão sendo criadas. As pessoas isolam-se cada vez mais em seus núcleos – que são um falso porto seguro para ideias. Dentro de cada bolha, cada um só compartilha aquilo que acredita, limitando, assim, o surgimento do pensamento crítico.

Não conseguimos ajudar ninguém a sair da bolha – nem nós mesmos somos capazes de nos livrarmos da nossa –, sem uma vivência empática por meio do diálogo. Todos querem criticar, poucos se comprometem a ajudar.

Nem todas as ideias são boas. Ainda assim, as pessoas são mais do que algumas ideias que expressam. Precisamos ver as pessoas por trás das ideias. Ver os funcionários, os pais, os líderes, os filhos, o ser humano. E buscar se conectar com tudo isso, antes de julgar ou criticar.

Capítulo 9

Como cobrar resultados da equipe de forma eficaz

"Feedback não é opção. É obrigação da gestão."
Bernardo Leite

Gerar resultado é o grande papel do líder dentro das organizações. Para atingir esse resultado, ele precisa saber cobrar a equipe de forma eficaz.

Cada membro do time tem suas próprias personalidades, assim como cada líder. Isso impacta diretamente no processo de cobrança de resultados. O líder que cobra de forma inadequada os integrantes da equipe não consegue conduzi-la ao desempenho esperado.

Para o líder é primordial saber cobrar sua equipe.

Você conhece qual é seu tipo de comportamento como líder? Como disse Sócrates há mais de dois mil e quinhentos anos, "conhece-te a ti mesmo". Autoconhecimento é indispensável para tornar-se um líder próspero. Para ajudá-lo nessa tarefa, vamos falar dos três principais tipos de liderança encontrados dentro das empresas. Ao final, você deve perceber qual tipo de líder você é.

Estudos sobre liderança classificam os líderes em três perfis específicos: autocrático, democrático e liberal. É importante ser transparente ao compreender qual tipo de liderança você pratica com sua equipe. Não adianta dizer "sou um líder democrático" e, no fundo, ter atitudes autocráticas. Ao compreender sua postura como líder, você será capaz de ajustar a forma como cobra a equipe.

Não há um tipo melhor ou pior. Existem ótimos exemplos de líderes com os três perfis. Steve Jobs era considerado um líder autocrático e produziu excelentes resultados. Bill Gates tem um perfil democrático e construiu uma empresa que está entre as maiores do mundo. Do lado liberal podemos citar Larry Page, um dos fundadores da Google.

Como você pode perceber, em todos os três tipos há exemplos de grandes lideranças; mas também existem péssimos líderes. Se um líder não tiver conhecimento de seu perfil, não vai conseguir cobrar de maneira efetiva por resultados. E, se os resultados não chegam, o líder é o responsável.

Quem é então o líder autocrático dentro das organizações?

O líder autocrático foca em si mesmo.

Ele toma todas as decisões sem consultar a equipe. O autocrata acredita que sabe mais que os outros. Ele tem as respostas do que precisa ser feito e diz para a equipe o que devem fazer, muitas vezes até intervindo na forma como os funcionários desempenham suas tarefas operacionais.

Quando um funcionário diz "chefe, eu estava pensando", ele responde de bate-pronto: "não é para pensar, é para fazer". A palavra chefe enquadra-se muito mais com esse perfil do que o termo líder. Quando falamos em líder, nos lembramos de pessoas que inspiram. Chefe é aquele que só dá ordens do que precisa ser feito.

**O líder democrático é aquele que busca ouvir
a equipe nas tomadas de decisão.**

Não chega simplesmente às pessoas e ordena o que deve ser feito. Ele está disposto a ouvir, tomar sugestões, negociar metas. Enquanto o líder autocrático é mais temido pela equipe do que respeitado, o líder democrático é bem-visto pelo time.

A liderança democrática tende a gerar um melhor clima organizacional para os trabalhadores. Eles sentem que são participativos na gestão. Por ouvir a equipe, a comunicação desse tipo de líder costuma ser mais direta, abrindo possibilidades para soluções criativas surgirem dentro das equipes.

A liderança liberal – conhecida também por *laissez-faire*, como dizem os franceses – é o oposto da liderança autocrática. O líder liberal parte do pressuposto de que a equipe sabe o que fazer. Nesse tipo de liderança, a equipe tem mais autonomia para fazer o trabalho. O líder não interfere na forma como as coisas são feitas.

Para funcionar, a liderança liberal exige profissionais maduros e proativos.

Esse tipo de liderança foca na equipe. Todos contam com mais liberdade para tomar decisões e fazer o que precisa. A especialização dos funcionários é importante para esse tipo de liderança, pois cada funcionário é responsável por seu projeto.

Como cada perfil de líder cobra sua equipe

Conhecendo os três perfis de liderança fica mais fácil responder com precisão à pergunta: qual seu tipo de comportamento como líder? Esse autoconhecimento permite que você modele os pontos fracos de cada perfil para obter os melhores resultados.

O líder autocrático é aquele que tem mais facilidade na hora de cobrar. Ele é conhecido por ditar as regras do que precisa ser feito e não tem nenhum problema em cobrar os resultados da equipe. Apesar da facilidade que ele tem para exigir os resultados, o grande problema é a forma como ele costuma se dirigir à equipe.

É um líder que consegue alcançar resultados, principalmente em épocas de crise, quando o trabalho está mais escasso. Ele pressiona, fala das metas e exige os resultados da equipe. Porém, como não ouve os funcionários e cobra de forma incisiva, seus liderados não pestanejam em trocar de emprego quando encontram outra oportunidade.

As pessoas não trocam de empresa, mas sim de líderes.

Esse tipo de liderança precisa adequar a forma que cobra aos tipos de funcionários para obter melhores resultados e incentivar um melhor clima organizacional. Existem pessoas que precisam de uma cobrança mais dura, mais severa – é o único tipo de estímulo que funciona. Isso pode ser devido à crença pessoal ou por causa da maneira como ela foi educada. Se não for cobrada de forma incisiva, ela não faz.

Por outro lado, há quem seja mais sensível a esse tipo de abordagem. São pessoas que, diante de um comentário mais incisivo do líder, saem e vão chorar no banheiro. Se você tem perfil autocrático, portanto, precisa desenvolver a forma de falar com as pessoas – e entender que cada uma é diferente da outra. Não é porque tal tipo de cobrança funciona bem com o José, que vai dar certo com a Amélia.

Por ser mais aberto a sugestões dos subordinados, o democrata pode ter dificuldades na hora de cobrar resultados. É importante e saudável para toda a companhia ser aberto a novas ideias; mas o líder precisa compreender que, quando não é hora de ouvir mais opiniões, é hora de cobrar resultados.

Uma meta foi traçada e discutida com a equipe. Após estudos e sugestões, concluiu-se que, com o desaquecimento do mercado, a meta inicial não seria atingida – isso iria gerar apenas frustrações na equipe. Juntos, líder e equipe definiram uma nova meta: desafiadora e realizável.

Após um tempo de trabalho, o líder percebe que aquela meta não está caminhando para ser concluída. O líder democrata espera, conversa com a equipe, escuta novas opiniões – mas a meta continua sem ser batida, e nada é feito a respeito. Nessas horas, o líder democrático precisa cobrar, antes que seja tarde demais.

Se você ouviu a equipe e chegaram a uma conclusão conjunta que acordou uma nova meta, ela precisa ser cumprida. Não adianta continuar buscando sugestões enquanto o tempo passa. Esse tipo de liderança tem duas dificuldades: decidir e cobrar. De tanto ouvir sugestões, o líder democrático não consegue decidir qual a melhor alternativa. E, depois de uma decisão tomada, não cobra a tempo pelos resultados.

Os benefícios ganhos ao se ouvir a equipe não podem ser desperdiçados pela falta de decisão da liderança. Chega a hora em que o líder deve decidir qual é o caminho a ser tomado. Não é possível ficar discutindo alternativas o tempo todo; o líder tem de se posicionar e dizer: o caminho é esse.

Depois de acordada a meta, é hora de cobrar para que ela seja entregue.

Quando todos discutiram os valores, levantaram possibilidades, aceitaram a meta como realizável e estão educados acerca de sua importância, o líder precisa ser incisivo na cobrança dos resultados. Não dá mais para voltar atrás e rediscutir os valores.

O líder liberal costuma ter grande dificuldade para cobrar a equipe – isso pode afetar diretamente os resultados. Um estudo realizado em 2015 em uma empresa de call center de Belo Horizonte, Minas Gerais, apontou que esse tipo de liderança produziu resultados de baixa qualidade.

Em contrapartida, artigo publicado pela Universidade St. Thomas, nos Estados Unidos, sugere que tal liderança enquadra-se em empresas de inovação, startup de todos setores, escritórios de design de produtos, agências de publicidade e propaganda, entre outros nichos.

Ou seja: é uma liderança compatível com quadros de profissionais especialistas que buscam autonomia para realizar seus trabalhos. Nesses casos, o principal perfil do líder é "deixar as pessoas fazerem seu trabalho".

Mas é um tratamento que pode não funcionar com certos funcionários. Essa forma de liderar pode resultar na percepção de que o líder é ausente, fraco, incapaz de cobrar. Tais sentimentos fazem com que alguns liderados comecem a entregar menos resultados, produzir com menos qualidade – e não se dedicar plenamente às funções.

O líder liberal não pode abrir mão de sua função de cobrar por resultados. Liderança liberal não é o mesmo que ausência de liderança. O líder deve colocar-se sempre acessível à equipe para ajudá-la em suas necessidades. Ele precisa estipular metas justas de desempenho.

As pessoas da equipe têm de saber que elas contam com autonomia e participação, mas que existem resultados e tarefas que devem ser entregues. Se você é de perfil liberal, não perca os prazos de entrega. Toda empresa depende dos resultados – e eles devem vir quando e como foi combinado.

Esse tipo de liderança não deve ser visto como "deixa a vida me levar". Nas empresas, pessoas, clientes, fornecedores e sócios contam com números de fechamento de cada departamento. A liberdade proposta deve servir para ampliar a capacidade da equipe de entregar resultados, e não para colocá-los em uma zona de conforto. Atente-se a isso. Antecipe-se a eventuais problemas para conseguir reverter os resultados a seu favor.

A liderança situacional

Assim como os líderes têm perfis diferentes, o mesmo ocorre com funcionários na execução de suas tarefas. Portanto, cobrar de forma igual pessoas com características e maturidades diferentes pode ser um erro fatal no desempenho da liderança.

Reflita sobre o quadro de funcionários de seu time. Você vai perceber características diferentes em cada membro. É possível que haja pessoas com muitos anos de empresa, outras que conhecem bem o que fazem e que não precisam ficar sendo cobradas diariamente.

Também é provável que existam aqueles que sabem fazer o trabalho, mas não contam com a motivação necessária para realizá-los. São aqueles que precisam ser cobrados todos os dias para conseguirem cumprir os prazos, por exemplo.

E toda equipe passa por novas contratações, seja porque a demanda cresceu e é necessário contar com novas pessoas, seja porque pessoas saíram ou foram transferidas de departamento. Quando alguém novo entra no time, qual é a forma correta de cobrar estas pessoas? É o mesmo para um estagiário recém-contratado e para um funcionário sênior que veio de empresa concorrente – com grande conhecimento, habilidade e vontade de fazer?

Essas diferenças, que encontramos em toda equipe, somadas à variável do tipo de liderança de cada gestor da empresa, exige que o líder próspero adapte sua gestão às pessoas – só assim conseguirá os melhores resultados. O líder que se adapta e exerce a liderança ideal em cada situação está praticando o que chamamos de liderança situacional.

A teoria da liderança situacional foi criada em 1969 pelos pesquisadores norte-americanos Paul Hersey e Ken Blanchard. A ideia é que não existe um tipo de liderança melhor ou pior, mas que o líder deve aplicar um tipo de liderança conforme a situação do grupo de trabalho. Assim, o líder moderno precisa ser flexível a fim de obter os melhores resultados.

Dentro das empresas, em todo grupo há liderados e o líder. Entre os liderados temos aqueles mais preparados para executar uma tarefa que outros: o líder deve então exercer um dos quatro tipos de liderança situacional possíveis.

Cada tipo de liderança situacional deve observar o chamado grau de maturidade do liderado. Uma das tarefas do líder situacional é entender em qual grau de maturidade encontra-se cada membro do time e, assim, aplicar a liderança que melhor funcione para aquele indivíduo.

"Mas Alfredo, é correto o líder agir de forma diferente com cada pessoa?" Não só é correto, como necessário e justo que cada colaborador seja tratado de forma diferente. Tratar de forma diferente não pressupõe nenhuma forma de discriminação – pelo contrário, é uma forma de inclusão. É aceitar que pessoas aprendem e implementam tarefas de formas distintas.

Há mais de dois mil e quinhentos anos, o filósofo Platão deu a seguinte definição de justiça: "Dar a cada um o que é próprio de cada um". Tratar todos da mesma forma é ser injusto com alguns, pois nem todos têm as mesmas necessidades. O funcionário recém-contratado tem necessidades próprias; aquele com anos de experiência tem outras necessidades.

Uma frase usada no atendimento ao cliente e que se encaixa nessa definição de justiça platônica é: "Não trate o cliente como você gostaria de ser tratado, trate o cliente como ele gostaria de ser tratado". Assim, o bom líder vai utilizar a liderança necessária de acordo com o que cada liderado precisa para se desenvolver dentro da empresa.

Temos na liderança situacional quatro estilos de liderança que se relacionam com quatro estados de maturidade dos funcionários. Primeiro, vamos apresentar os quatro comportamentos da equipe dentro das empresas. Em seguida, veremos as quatro aplicações do líder.

A equipe tem alguém que não conta com conhecimento, habilidade, nem vontade para realizar determinada tarefa. Essa pessoa pode ser alguém recém-contratado que não conhece a especificidade do trabalho ou um indivíduo sem autoconfiança. É um funcionário que não consegue tomar decisões e fazer algo sozinho. Alguém com essas características é chamado na matriz situacional de P1.

Se o funcionário tem alguma experiência na tarefa, conta com conhecimento e vontade de fazer, mas não desenvolveu todas as habilidades necessárias, ele tem o grau de maturidade definido como P2.

Caso o funcionário em questão já adquiriu conhecimento e habilidade para fazer o que lhe foi proposto, porém não tem vontade de fazer e lhe falta atitude para assumir a responsabilidade pelos projetos, estamos falando sobre alguém com grau de maturidade P3.

P4 é o funcionário de primeira classe de seu time. Aquele sobre quem você comenta com outros líderes, fala para a família, chama de braço-direito. Trata-se de alguém com as três características:

conhecimento, habilidade e atitude para fazer. Ele tem autonomia. Você designa a ele uma tarefa e fica tranquilo – sabe que ela será feita.

Os quatro tipos chamados na matriz situacional de maturidade vão depender da tarefa desempenhada pelo funcionário. A mesma pessoa pode assumir a maturidade P4 em determinado trabalho e ser P1 em outro.

Portanto, não considere que alguém que não sabe fazer algo e precisa de acompanhamento vai se comportar da mesma forma em todas as situações. Como líder situacional, é necessário sempre observar como cada funcionário se comporta.

Você deve adequar sua gestão à maturidade que o funcionário apresentar.

Como lidar então com cada tipo de maturidade? Para cada uma, temos uma sugestão de comportamento do líder perante os liderados. Os tipos são relacionados na mesma proporção de escala. A gestão conhecida como E1 é aquela relacionada com pessoas com maturidade P1 e assim sucessivamente.

O funcionário não sabe fazer a tarefa. Para esses casos, o líder deve assumir a postura de quem oferece direcionamento. Com um funcionário assim, é preciso ensinar a fazer a tarefa e acompanhar até o final. Já ouviu a famosa frase "tem que pegar na mão"? É essa a postura exigida para os que estão em P1. Você tem de acompanhar os passos até ele aprender e adquirir confiança para fazer sozinho. Essa é a postura conhecida como E1.

Se o grau de maturidade já avançou, a pessoa sabe executar a tarefa e quer fazê-la, esta é a hora de orientar. É quando o líder pede sugestões e oferece feedback de como fazer melhor. A participação da equipe com opiniões incentiva e motiva os funcionários a continuarem evoluindo. Essa gestão é conhecida como E2.

Quando a equipe ou o liderado dispõe de boas habilidades e conhecimentos na execução, o que lhes falta é assumir responsabilidades para fazer mais. A postura assumida aqui é de apoio. O líder age como um incentivador e oferece condições para que a equipe possa agir de forma colaborativa. É a liderança E3.

Quando um time ou alguém do time sabe o que se espera dele, estamos diante de um time que assume seu papel como líder é transferir autonomia. Trata-se de um ponto onde não é preciso ficar em cima: todos cumprem os deveres e são capazes de tomar as próprias decisões. É a hora de o líder delegar tarefas. Agindo assim você é capaz de manter o time engajado, pois mostra que confia nas pessoas e possibilita que elas continuem a crescer profissionalmente. Eis a liderança chamada de E4.

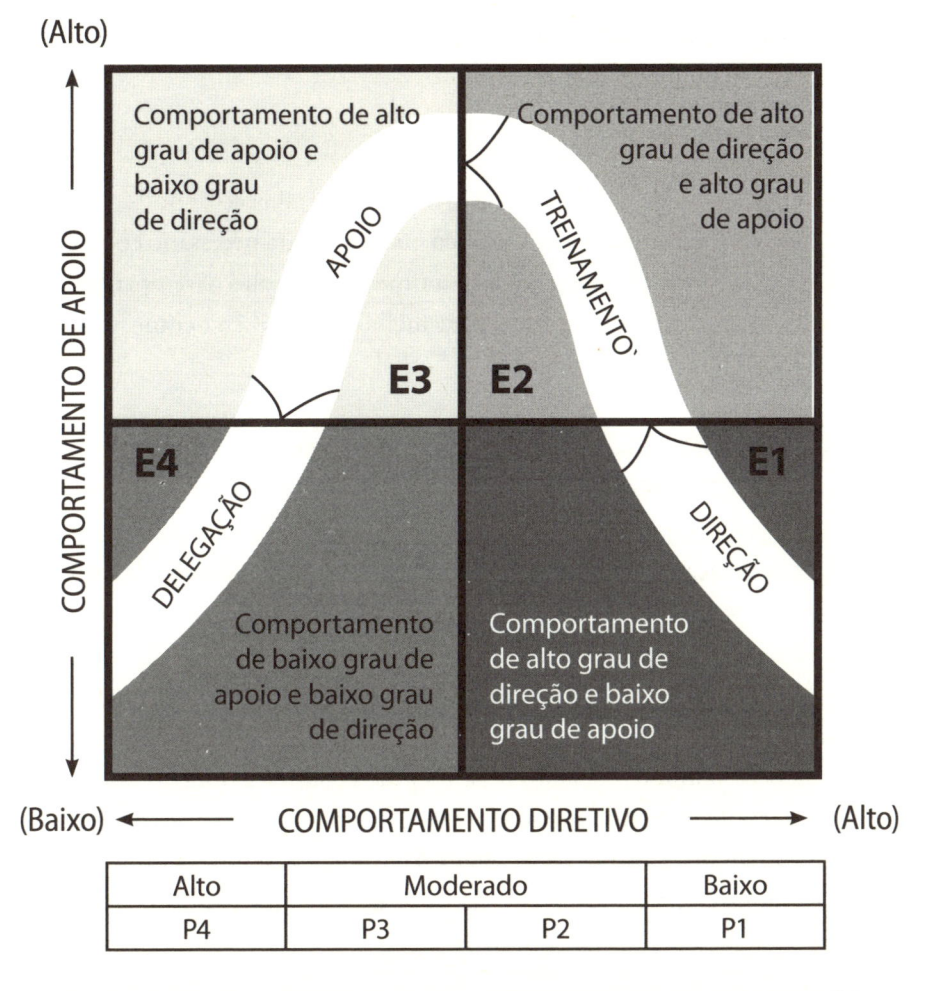

(Alto)

E3 Comportamento de alto grau de apoio e baixo grau de direção (APOIO)	**E2** Comportamento de alto grau de direção e alto grau de apoio (TREINAMENTO)	
E4 Comportamento de baixo grau de apoio e baixo grau de direção (DELEGAÇÃO)	**E1** Comportamento de alto grau de direção e baixo grau de apoio (DIREÇÃO)	

COMPORTAMENTO DE APOIO

(Baixo) ← COMPORTAMENTO DIRETIVO → (Alto)

Alto	Moderado		Baixo
P4	P3	P2	P1

Cada uma dessas lideranças pode ser aplicada no time todo ou individualmente quando pessoas do grupo possuem maturidades diferentes. Ao tratar dessa forma, você nutre o time com o que as pessoas precisam naquele momento para continuar em desenvolvimento.

O que cada pessoa precisa deve ser descoberto pela observação do time e, então, feito o ajuste correto para cada indivíduo com a finalidade de conseguir elevar todos os membros da equipe ao mais alto grau de maturidade.

Em alguns momentos, sua presença constante é importante, como para os funcionários P1. Em outros, a liderança consegue utilizar uma postura mais liberal, o estilo compatível com a equipe P4. Isso fará você alcançar melhores resultados gerenciando cada um conforme a necessidade do momento.

Técnicas utilizadas para uma cobrança eficaz

Seja você autocrático, democrático ou liberal, será necessário cobrar a equipe da forma correta para fazer o time alcançar alto desempenho. Por isso vamos tratar de formas para melhorar a maneira como você deve exigir de seus funcionários.

A primeira coisa que todo líder deve saber ao cobrar a equipe é que toda cobrança precisa ser feita em particular.

Nunca faça uma cobrança de resultado de um funcionário perto de outro, pois pode causar constrangimento – e, consequentemente, desmotivação ou baixo desempenho.

Essa situação é mais grave em líderes autocráticos. Pela sua natureza incisiva de cobrar, um funcionário mais sensível pode interpretar como assédio moral – quando uma situação constrangedora ou humilhante acontece reiteradamente. Trata-se de um crime previsto em lei, podendo ser penalizado judicialmente o chefe acusado de assédio. Você não quer uma marca dessas em sua carreira, não é mesmo?

A única situação em que é válida uma cobrança junto à equipe, em vez de em uma conversa particular, é quando o resultado reclamado é de responsabilidade de grupo de trabalho. Para esses casos, recomenda-se que o grupo seja reunido e a cobrança direcionada exclusivamente a ele – é claro, longe de outros funcionários que não têm relação direta com o assunto.

Quando for cobrar o funcionário, vá direto ao assunto; afinal, se ele cometeu um erro, sabe por que foi chamado. Você está fazendo o seu papel e sua equipe precisa saber disso. Nunca deixe transparecer que você tem medo de cobrar resultados.

Outra questão central é o objeto da cobrança. Um líder fraco cobra as pessoas, cobra o jeito e a personalidade delas.

O bom líder cobra a execução da tarefa.

São coisas bem diferentes. A cobrança não deve ser direcionada à pessoa, e, sim, a partir da análise dos resultados apresentados. Pessoas cometem erros, mas elas não são os erros. Mostre o que o funcionário fez de errado – ele precisa compreender isso para ser capaz de aprender e corrigir.

Se um funcionário trabalha com você há vários anos, é porque ele mais acerta do que erra. Afinal, se fosse alguém cuja jornada profissional fosse repleta de erros, provavelmente você já o teria dispensado. Então, quando for cobrar, seja claro em relação ao erro cometido.

Dois aspectos importantes da cobrança são o conteúdo e a forma. Conteúdo é isto: não cobrar a pessoa e, sim, a tarefa. Veja este exemplo:

"João, você tem capacidade de entregar um relatório excelente; este que chegou às minhas mãos está muito aquém dos anteriores. Quero que você refaça esse trabalho no mesmo nível de excelência dos demais."

Seu conteúdo pode ser adequado, mas, ainda assim, você pode falhar, pela forma, na hora de cobrar. Muitas coisas precisam ser levadas em consideração para fazer uma cobrança eficaz, de modo que não surta efeitos contrários do esperado.

Uma pessoa não se comunica apenas com a voz, mas com todo o corpo. Saber usar gestos, expressões e voz ajuda na hora de realizar uma cobrança. É recomendável tomar cuidado com certos detalhes – os quais fazem toda a diferença – por exemplo, dedo em riste, expressão de desprezo, um olhar arrogante, um tom de voz mais elevado que o necessário. Todos esses elementos serão captados e interpretados pelo interlocutor.

Usar elementos verbais e não verbais de forma correta reforça a mensagem e ajuda na captação e aceitação da mensagem. Se esses recursos forem usados de forma errada, você corre o risco de o funcionário ignorá-la ou até se voltar contra ela por se sentir ofendido.

Outra técnica complementar que pode ser usada durante as cobranças é o que eu chamo de PNP. Consiste em usar um argumento positivo, depois negativo e fechar com um positivo.

Você inicia a cobrança com um argumento positivo. É importante sempre ser sincero e genuíno em tudo que for falar. Caso contrário, o funcionário vai perceber – as pessoas sentem quando aquilo que está sendo dito é apenas um jogo de palavras que não reflete a opinião de quem as diz –, e a técnica vai surtir um efeito contrário.

Como essa pessoa trabalha com você, é de se supor que existam comportamentos e resultados dela que merecem sua admiração. Inicie a conversa com eles. Seguindo com o exemplo do João:

"João, você sempre demonstrou muito esmero pelo trabalho que você faz."

Observe que o argumento positivo demonstra que você reconhece o trabalho da pessoa e o tipo de trabalho que você espera dela. Esse raciocínio está ligado ao argumento de cobrança, a parte negativa da conversa.

"Mas este último relatório que você me entregou está muito abaixo das minhas expectativas. Quero que você refaça o trabalho."

Esta é a hora de cobrar o resultado da tarefa mal realizada. Como algumas pessoas podem ficar impactadas com uma crítica, você logo emenda com um argumento positivo para fechamento da conversa:

"Confio em seu trabalho, João. Sei que você vai continuar com o mesmo nível de excelência na entrega, como sempre teve."

É importante ser cauteloso ao fechar com um argumento positivo. Ele não pode ser mais forte do que a cobrança em si, o colaborador não pode sair da reunião e se esquecer da razão pela qual foi chamada.

Para isso não acontecer, faça um acordo relacionado à cobrança:

"João, posso contar com você para entregar esse relatório com excelência?"

A pergunta vai levar o liderado a aceitar o acordo, mas se ele se comprometeu a melhorar e o resultado não mudar, você tem algo em que se apoiar da próxima vez que for cobrar.

Há o momento em que um funcionário que já foi cobrado segue não entregando resultados – trata-se de um reincidente. Então, você tem espaço para uma cobrança mais rígida, com foco, é claro, na tarefa. Vale relembrar que o assunto foi tratado anteriormente e que as expectativas haviam sido alinhadas por vocês.

É nesse momento que o líder deve ser bastante justo. O primeiro erro pode ter sido cometido, por exemplo, porque o colaborador estava tentando fazer algo diferente, por descuido ou mesmo porque problemas pessoais podem ter influenciado em seu desempenho.

A falha é a repetição de um erro que devia ter sido corrigido. Portanto, no segundo equívoco, o líder tem o direito de cobrar com mais rigor.

Capítulo 10

Motivação para o alto desempenho

"As pessoas costumam dizer que a motivação não dura para sempre. Bem, nem o efeito do banho – por isso recomenda-se diariamente."

Zig Ziglar

Chegamos ao sexto elemento necessário e importante a todo líder: motivação.

Conforme vimos anteriormente, três elementos são essenciais para um profissional ser considerado competente: conhecimento, habilidade e atitude. Existem muitos bons profissionais que, em algum momento, apresentam desempenho abaixo do esperado. Por que isso é mais comum do que gostaríamos?

A empresa investe em treinamento e capacitação para melhorar o desempenho da equipe. Uma melhoria significativa é percebida nos primeiros meses. Mas, passado um tempo, os profissionais que se mostravam bem capacitados param de entregar resultado.

Uma das questões que nos levam, como seres humanos, a deixar de fazer as coisas que precisam ser feitas é a falta de motivação. Quando dividimos em duas partes a palavra motivação, temos motivo e ação. Precisamos encontrar motivos para agir, continuar fazendo as coisas e melhorar sempre. Quando nos acostumamos com uma rotina, grande parte dos profissionais começa a não encontrar mais motivos para agir – acomodam-se e ficam estagnados.

Motivação é um dos temas mais estudados e falados dentro de organizações. É um assunto complexo, mais do que muita gente acredita: refere-se a características intrínsecas do ser humano. Cada pessoa encontra suas próprias motivações – e age impelido por elas. Mesmo assim, conseguimos encontrar áreas em comum da motivação em cada indivíduo.

Apesar da individualidade de cada um, existem cinco grandes áreas de motivação. Elas foram estudadas pelo psicólogo Abraham Harold Maslow e compiladas em um estudo conhecido como pirâmide de Maslow.

De acordo com o especialista, todas as pessoas buscam atender às necessidades humanas uma após a outra, em uma escala de ascensão. Algumas ficam paradas em um determinado ponto da pirâmide; outras continuam a subi-la assim que conquistaram a necessidade daquele degrau.

PIRÂMIDE DE MASLOW

- AUTOR-REALIZAÇÃO OU REALIZAÇÃO PESSOAL
- ESTIMA
- SOCIAL OU DE AMOR E RELACIONAMENTO
- SEGURANÇA
- FISIOLÓGICAS

Em cada degrau encontra-se os fatores da motivação humana. Desse modo podemos compreender o que faz as pessoas agirem. Quando alguém faz algo, é porque está motivado a receber uma recompensa ou quer evitar algo que lhe traga dor.

É um fator de motivação humana buscar uma recompensa ou evitar uma perda.

Na base da pirâmide de Maslow – vamos chamar aqui, de forma didática, de primeiro grau de motivação –, constam as necessidades fisiológicas. Elas são as coisas mais básicas para a sobrevivência de um ser humano, as primeiras que todas as pessoas buscam.

Já tentou se concentrar em um trabalho estando com muita fome? Ter uma conversa filosófica ao relento de um dia muito frio, sem nenhuma blusa? Se você perguntasse a um morador de rua se ele prefere um prato de comida ou um ingresso para o teatro, qual seria a resposta dele?

As necessidades fisiológicas estão relacionadas à sobrevivência humana, por isso são a base da pirâmide. São a primeira coisa que motiva alguém a agir. Uma conversa faz bem a todos, porém se a pessoa precisa decidir entre conversar ou se alimentar, o instinto humano escolhe comer.

Alimentação, moradia, roupas, repouso: são todas necessidades fisiológicas. Você pode até argumentar que consegue pular uma refeição para participar de um evento ou reunião importante. Isso acontece porque você já tem atendida sua necessidade fisiológica, não lhe falta comida. Você já fez alguma refeição anteriormente ou sabe que durante aquele dia você vai se alimentar em outro momento.

Alguém que sabe que não lhe falta alimento pode trocar um prato de comida por um ingresso ao teatro; mas quem enfrenta a ausência de alimento, não. Em ambos os casos, as pessoas estão agindo por motivação. O teatro faz parte de outra área das necessidades humanas, um grau mais elevado – mas para buscá-lo é necessário ter primeiro conquistadas as necessidades básicas.

Assim, temos o exemplo de um jovem que passa a noite inteira acordado em uma casa noturna com os amigos. Mas não vamos observar esse comportamento em alguém que está sem dormir ou dormiu muito pouco há vários dias.

Para avançar ao segundo grau de motivação, o indivíduo precisa ter atendido completamente as necessidades do primeiro grau. O trabalho é um fator primordial no atendimento dessa necessidade e, infelizmente, para algumas pessoas ele é fonte para atender apenas as necessidades fisiológicas.

O trabalho fornece recompensa financeira. Dessa fonte, as pessoas sabem que podem tirar seu sustento, comprar vestimentas, adquirir moradia. Se o trabalho é mal remunerado, o profissional pode ficar preso a essa necessidade ao longo dos anos – não consegue conquistar novos patamares na vida, uma vez que se preocupa com o que vai ter para comer no dia seguinte.

Satisfeitas as necessidades fisiológicas, o próximo passo de motivação humana é atender as que tem a ver com segurança. Vamos chamar aqui de segundo grau de motivação. Não basta ter o que comer no dia de hoje; é preciso ter o que comer sempre. Assim como não basta saber onde vai dormir hoje, é necessário garantir uma moradia para descansar e estar em segurança todos os dias.

A necessidade de segurança é aquilo que algumas pessoas acreditam ser como uma garantia para o futuro. Muitas pessoas ficam a vida toda presas nesse degrau. Tudo o que fazem na vida é motivado para atender cada vez mais a necessidade de segurança que sentem.

Se observarmos atentamente as decisões humanas, perceberemos quantas são tomadas em razão de uma segurança – algo que muitas vezes nem existe além da percepção da pessoa. Nesse degrau da pirâmide, já podemos perceber como as necessidades começam a ser mais subjetivas do que no degrau anterior.

Todos têm fome, alguns mais que outros, mas fome não é algo subjetivo. A necessidade de segurança vai oscilar muito de pessoa para pessoa – não tem tanta relação com o que a pessoa possui, e, sim, a quanto a pessoa acredita que precisa possuir para se sentir segura.

Algumas pessoas visam um trabalho no serviço público, não porque amam ser servidores da população. Essa escolha se dá porque o trabalho oferece uma segurança de estabilidade no emprego. Pessoas compram casas em condomínios fechados na busca de segurança para si e para a família. Outras investem para conquistar segurança financeira no futuro. Algumas permanecem em empregos que as fazem infelizes para se manterem seguras de alguma forma.

Se o valor de segurança é subjetivo, para alguns basta ter emprego para se sentirem seguros; outros, com menor grau de segurança, arriscam-se em empreendimentos de alto risco. Já alguns precisam ouvir do líder todo mês que fazem um bom trabalho para ter o conforto de sua segurança atendida.

O líder que conhece a equipe percebe quais funcionários têm uma necessidade maior de segurança do que outros, quem costuma correr mais riscos e quem precisa saber que "tudo vai bem" para se sentir seguro.

Por ser um valor que depende de cada um, pode ser algo que a pessoa busque a vida toda, mesmo tendo condições mais seguras do que grande parte da população. Há quem não desfrute de momentos de lazer porque acredita que vai faltar dinheiro no futuro, outro que compra casa em condomínio e carro blindado ou acredita que andar armado garante mais segurança – mesmo que estatísticas mostrem o contrário.

Após atender às necessidades de segurança que alguns conquistam mais rápido que outros, o terceiro degrau da pirâmide refere-se às necessidades sociais. Aqui o papel do trabalho também é essencial.

Mais do que viver em sociedade, temos a necessidade de estar com outras pessoas. Como disse Aristóteles, "o ser humano é, por natureza, um animal social". Formamos grupos e temos necessidade de conviver com pessoas desse grupo. Maslow compreendeu isso e listou a necessidade social como a terceira motivação humana.

O primeiro grupo do qual fazemos parte é a família. Somos criados em um ambiente com outras pessoas que nos ensinam. Uma criança humana é mais frágil do que qualquer outro filhote nascido no planeta. Os pais ou responsáveis cuidam, durante muitos anos, dos filhos. Em muitos casos, eles continuam com os pais mesmo após atingirem a vida adulta – e isso reforça a importância do convívio social para nós.

Ainda na infância, temos contato com outro grupo social: a escola. Mais do que material acadêmico, na escola um aluno aprende a conviver com outros seres humanos, os que estão fora de seu círculo familiar. O convívio escolar ajuda na formação humana, a aprender a respeitar as diferenças, a seguir regras que não são as de sua família.

Conforme amadurece, o ser humano vai formando grupos com pessoas com quem compartilha interesses, até chegar ao ambiente de trabalho. Na empresa, o indivíduo tem a oportunidade de formação de um novo grupo social. Esse convívio é motivador e saudável.

Dentro da empresa, o profissional precisa encontrar um local estimulante para o convívio. Um ambiente que respeite os indivíduos que dividem o mesmo espaço, que estimule ações de interação entre as pessoas com eventos sociais.

É muito comum as pessoas passarem mais tempo dentro das empresas do que com as próprias famílias. Por isso, o local de trabalho tem de ser parte saudável da vida de cada um. Empresas que possuem ambiente nocivo para o convívio ferem a necessidade humana de interação social: o resultado será a queda no desempenho e o aumento da rotatividade dos profissionais.

Conquistado o grau de necessidade social, o ser humano busca o quarto grau das necessidades: autoestima. Quando uma pessoa decide comprar uma roupa de grife pagando dez vezes mais caro do que uma de uma loja não famosa, ela tomou essa decisão com base nessa necessidade, por exemplo.

A autoestima está relacionada a status e reconhecimento. Por que algumas pessoas sonham em trabalhar em determinada empresa? Toda empresa busca construir uma marca que fique presente na cabeça do cliente e, assim, cobrar mais por seus produtos e serviços.

Construir uma marca na mente do cliente é trabalho da equipe de marketing, mas a marca não se restringe a como os clientes enxergam a empresa, refere-se, também, ao modo como os funcionários a enxergam. Boas equipes de recursos humanos atentam-se em como seus colaboradores veem a marca.

São empresas que valorizam as equipes, proporcionam qualidade de vida, bons salários e benefícios com a finalidade de atrair os melhores profissionais do mercado. Essa estratégia funciona e vai ao encontro da autoestima das pessoas. Quem já não falou ou ouviu alguém dizer com orgulho da empresa onde trabalha?

Vemos casos em que o status de trabalhar em determinado local é valorizado por pessoas que não atuam na empresa. Fulano diz: "Eu trabalho na empresa X". E as pessoas comentam: "Nossa, é muito bom trabalhar lá, né?". Ou, então, há aquelas que comentam para os outros: "Fulano está bem, ele trabalha para a empresa X". Isso acontece porque essas empresas têm capacidade de criar uma boa imagem de si próprias, de modo que a serem vistas como um lugar ideal para se trabalhar. Ou seja, essas são empresas ficam no imaginário de grande parte dos profissionais.

Conforme escalamos a pirâmide das necessidades de Maslow, podemos perceber que elas ficam mais voltadas a um critério pessoal do que determinado pela condição humana.

Se a necessidade fisiológica nos impulsiona a encontrar alimento, buscar um restaurante de luxo e comer o prato mais caro acompanhado de um bom vinho diz respeito à necessidade de autoestima – não é mais uma necessidade básica.

"Alfredo, mas e quando comemos em um restaurante caro porque queremos provar a comida?" Na maioria dos casos podemos reproduzir o prato em nossa própria residência, comprar em uma adega especializada a bebida para acompanhar, fazendo economia de dinheiro. Mas mesmo assim tomamos decisões pela necessidade de estima.

Reitero aqui que as pessoas tomam decisões pela necessidade de autoestima quando já atenderam outras anteriores. Por exemplo, a maioria não deixa de pagar o aluguel de um imóvel para gastar todo o valor em uma refeição no restaurante mais caro da cidade.

A necessidade de autoestima é inerente aos seres humanos e cada um busca atendê-la com os recursos que lhes são disponíveis no momento. Pode ser uma decoração para a casa, um carro alguns anos mais novo que o anterior, um passeio no shopping, um SPA relaxante – inclusive por influência das redes sociais. Aliás, quem alguém acha que é uma necessidade humana postar foto do que está comendo?

Cada um busca atender suas necessidades à sua maneira. Alguns escolhem uma determinada profissão por status; por exemplo, um médico que se preocupa com o prestígio de sua profissão, em vez de ajudar a salvar vidas ou pessoas doentes. Alguns preferem gastar com roupas ou restaurantes, outros gostam de viajar pelo mundo. Independentemente do que seja, eles, como seres humanos, sempre estão em busca de autoestima.

Em relação ao meio corporativo, uma empresa pode promover motivação a partir da necessidade de seus funcionários. Você, como líder, cumpre importante papel nesse caminho. Se a empresa disponibiliza boas condições de trabalho, boa remuneração e bons benefícios, os funcionários vão ter autoestima em trabalhar nesse local.

Mas se, pelo contrário, for um ambiente com péssimas condições estruturais para se trabalhar, a liderança ofender seus liderados, a remuneração não for adequada e se a empresa não oferecer bons benefícios, consequentemente a autoestima dos colaboradores tende a baixar. É natural essas pessoas irem em busca de uma corporação que atenda, de fato, suas necessidades.

O reconhecimento cumpre importante papel no ganho de autoestima, por isso o líder deve atentar-se a dar bons feedbacks (e não apenas os negativos), elogiar a equipe por bons resultados, por uma meta alcançada, pelo comprometimento. O time de gestão de pessoas da empresa deve estar atento a elaborar programas que visem reconhecer o alto desempenho de seus colaboradores, seja financeiramente ou por meio de premiações.

Conforme o ser humano atende a uma de suas necessidades, ele tende buscar o degrau acima. Porém, às vezes é necessário descer alguns degraus.

Por exemplo, alguém está em interessado em melhorar sua autoestima e para isso começa a frequentar shoppings para fazer compras, a jantar fora e financia uma casa nova. Sem aviso, essa pessoa é desligada do emprego, o qual lhe trazia segurança e status. Então, suas prioridades começam a mudar.

Ao depender exclusivamente da renda desse trabalho e não possuir uma reserva financeira para emergências, sua necessidade de segurança é altamente afetada.

Se antes essa pessoa consumia bens supérfluos para atender sua autoestima, agora ela terá de se conter. Se ela tinha uma vida social intensa e gastava muito com bares, restaurantes, shows toda semana, isso vai diminuir, pois agora a necessidade de segurança é maior que a necessidade social dela.

Sempre que um degrau mais próximo da base da pirâmide é afetado, o indivíduo tende a buscar recuperar primeiro esse degrau, antes de voltar a correr atrás de suas outras necessidades. Isso acontece com praticamente todos, exceto com aqueles que chegaram ao pico da pirâmide de Maslow. Quem se encontra no quinto degrau consegue superar os desafios sem retroceder para os patamares mais baixos das necessidades humanas.

O quinto e último nível da pirâmide das necessidades refere-se à autorrealização. Esse é o grau mais elevado que um ser humano pode atingir no atendimento de seus desejos. Tal nível está ligado a uma necessidade de realização existencial, a busca por se tornar a versão melhor de si mesmo.

A autorrealização de Maslow relaciona-se à vivência de nossos talentos, nossos propósitos, o crescimento individual. Trata-se da busca humana por ser melhor, servir mais a humanidade, deixar um legado no mundo. Aqueles que conquistaram esse grau são pessoas realizadas consigo, longe das pressões externas de uma realização meramente das necessidades anteriores.

Podemos classificar a autorrealização como uma necessidade interior do ser humano, enquanto as demais estão relacionadas a fatores exteriores da existência.

"Mas Alfredo, é possível mesmo que uma pessoa autorrealizada não retroaja para o nível da necessidade de segurança? E se acontecer algo que afete sua segurança?"

Existem alguns exemplos de pessoas que ao longo de sua história viviam tão fortemente seu propósito que conseguiram superar situações extremas, em alguns casos até com a necessidade fisiológica sendo afetada. Mahatma Gandhi é um caso, e de um passado não muito distante, de alguém que viveu a autorrealização. Ele acreditava tão fortemente no propósito de libertar a Índia do domínio inglês que fez greve de fome para alcançar seus objetivos.

Quando Nelson Mandela lutou contra o apartheid na África do Sul, sabia que poderia ser morto. Mesmo assim não esmoreceu. Permaneceu vivo, mas foi preso por trinta anos e saiu com mais aprendizados do que quando entrou. Não propôs vingança contra seus opositores. Conseguiu viver o amor mais profundo porque passou a vida toda vivendo seu propósito.

William Walker foi um mergulhador que, com a força do propósito, conseguiu superar as mais extremas condições físicas e salvar do colapso a catedral inglesa de Winchester. Entre 1906 e 1912, trabalhou sozinho na restauração das fundações alagadas da catedral. Foram 25 mil sacos de cimento, mais de 100 mil blocos de concreto, e quase 1 milhão de tijolos transportados por esse único homem – a uma profundidade de 6 metros embaixo d'água.

Pessoas motivadas por grandes propósitos conseguem realizar coisas que muitos consideram impossíveis. Superam a dor física e emocional para alcançar grandes feitos. Ou seja, o máximo do potencial humano é alcançado por aqueles que vivem na autorrealização. São estes que conseguem deixar o mundo um pouco mais belo para as novas gerações.

O que nos impede de chegar à autorrealização é focar apenas nas necessidades inferiores da pirâmide de Maslow e deixar de lado a grande capacidade que temos de viver um propósito maior.

Para gerar uma motivação suficiente com o intuito de construir algo que faça a diferença no mundo, é preciso entender que o trabalho que fazemos no mundo não serve apenas para nos sustentarmos, para comer, para se divertir ou para comprar coisas. Mais do que realizar um trabalho, é preciso atribuir um significado a ele, isto é, um propósito muito superior que uma ação mecânica.

Três formas de motivar as equipes

São três as formas mais comuns de motivação que observamos dentro das organizações. Todas podem gerar resultados, mas há o que funcione melhor em curto prazo e o que seja capaz de impactar no futuro.

Muitos líderes tentam motivar suas equipes por meio de medo. Sim, isso mesmo que você leu: o medo é capaz de fazer as pessoas produzirem resultados – e muitas lideranças sabem disso.

O medo está relacionado ao instinto de sobrevivência. E as bases da pirâmide de Maslow estão relacionadas exatamente à sobrevivência humana. Tanto a necessidade fisiológica quanto a segurança estão atreladas ao medo de que algo possa faltar e afetar nossa integridade física.

Consciente ou inconscientemente, as pessoas se utilizam do medo para realizar algo. Lembra-se da sua infância, quando sua mãe dizia "ou você arruma seu quarto ou vai apanhar"? Ela estava utilizando o poder da motivação pelo medo. Trata-se de um dos recursos que dispõe uma pessoa que não foi educada em liderança.

Nas empresas, isso acontece com líderes que ameaçam demitir funcionários. Pode dar "resultado" em curto prazo, mas o preço é alto:

prejudica o clima organizacional e acarreta a rotatividade da equipe. Ou seja, com certeza não é um bom recurso de liderança.

O segundo tipo de motivação comum baseia-se na recompensa. Você provavelmente já passou por isso na infância também. "Se você não comer toda a sopa, não vai ter sobremesa." Aprendemos desde cedo a motivar as pessoas por meio do medo ou da recompensa, sendo esta última uma maneira mais positiva. No entanto também precisa ser utilizada com moderação. O erro está em gerar no psicológico da outra pessoa a vontade de agir vinculada exclusivamente àquilo que receberá em troca: o interesse está na recompensa, e não no compromisso em si.

Imagine um filho que não aprendeu a importância de colaborar com a família e só ajuda mediante recebimento de dinheiro ou de uma mesada. As pessoas precisam compreender que são partes de um grupo – e, por isso, precisam colaborar. Isso é educar.

> **Não eduque a equipe apenas para trabalhar motivada em recompensa. Eduque para que saibam que recompensa é parte do reconhecimento, não rotina.**

A terceira forma de motivação baseia-se em propósitos. Proporciona pessoas que realizam um trabalho porque enxergam na ação uma causa maior. Sentem-se envolvidas em uma causa. É a motivação mais elevada que um líder pode trabalhar com o time.

Grandes líderes usam o propósito para criar um senso de pertencimento da equipe. Na história, vale lembrar-se de um dos mais ousados projetos da humanidade. O engajamento foi proposto pelo então presidente norte-americano John Kennedy.

Em maio de 1961, ele declarou o objetivo: "Antes que essa década termine, fazer pousar um homem na Lua e trazê-lo de volta à Terra a salvo". Dito e feito: a Apollo 11 chegou à Lua em julho de 1969.

Conta-se que um repórter, ao visitar a NASA e conhecer o programa Apollo, interpelou um faxineiro que trabalhava nas instalações:

"O que você faz aqui?", perguntou.

"Eu estou ajudando a levar o homem à Lua."

Na nossa equipe podemos ter pessoas engajadas somente com suas tarefas diárias, pessoas que veem os trabalhos como mera execução de uma função. A motivação dessas pessoas vai oscilar com facilidade. Se alguém trabalha para sustentar sua necessidade básica de alimento, um emprego que ofereça R$ 50 a mais de salário ou um vale-alimentação um pouco maior já é suficiente para motivar a mudança para um novo emprego.

Uma organização que, além dos benefícios comuns, oferece também um propósito para a vida das pessoas terá colaboradores motivados na equipe. Pessoas que compreendem o valor daquilo que fazem. Pessoas que não estão apenas ganhando um dinheiro, estão ajudando a construir um mundo melhor.

Lembrando do filme *Sociedade dos poetas mortos*, a vida é um poema – e qual será o verso que você vai escrever? O trabalho é a oportunidade que temos de escrever belos versos na vida. Versos que serão lidos por outros: um produto feito com amor, um serviço entregue de forma honrada. Cada trabalho contém em si a oportunidade de ser uma bela obra de arte quando realizado com propósito.

Ajude a equipe a enxergar propósito em cada uma das tarefas diárias.

Capítulo 11

O fator salário na motivação das equipes

> "O trabalho fornece o pão de cada dia, mas é a alegria que lhe dá o sabor."
>
> Silvio Romero

Para apoiar a equipe a chegar ao nível de autorrealização, o líder precisa garantir que as necessidades anteriores da pirâmide de Maslow foram atendidas. Já vimos que as primeiras necessidades humanas são conquistadas por meio de recursos financeiros usados para comprar alimentação, moradia, roupas e, assim, conquistar um nível de segurança em requisitos básicos para a subsistência não vão faltar.

Por isso, toda empresa deve atentar-se em relação ao salário que oferece a seus funcionários. Afinal, ele servirá de base na motivação para eles. As pessoas sempre perguntam se dinheiro traz felicidade. De acordo com estudos científicos, a partir de determinado nível de rendimento, as pessoas não mudam seu status de felicidade.

Os elementos que trazem felicidade são diferentes de pessoa para pessoa, então não podemos concordar ao dizer que dinheiro traz felicidade. Mas estudos demonstram que pessoas que recebem salário baixo tendem a ter um nível de felicidade menor.

Apesar de muito dinheiro não garantir felicidade, a falta dele deixa as pessoas mais infelizes.

Toda empresa que busca consolidar uma equipe motivada e de alto desempenho deve se preocupar em fornecer um plano justo de cargos e salários. Quem cumpre essa tarefa colhe benefícios: atrai talentos, reduz a rotatividade, incentiva a meritocracia, proporciona alinhamento das equipes com as metas por meio de remuneração variável, entre outros.

Fatores como segmento, região e porte impactarão no programa de salários. Uma multinacional, por exemplo, tem mais condições de oferecer salários e programas de bônus melhores que uma empresa de pequeno porte. No entanto, isso não é "desculpa" para empresas de pequeno e médio portes desprezarem uma política de cargos e salários.

A composição do salário justo nasce primeiro de uma pesquisa de mercado, que deve responder às seguintes perguntas: Qual o salário que empresas do mesmo porte pagam para suas equipes? Qual o salário que empresas do mesmo segmento pagam? Qual o salário que empresas da minha região pagam?

Essas três variantes possibilitam entender qual é a realidade atual e, assim, comparar com o salário pago dentro da organização. Nenhum líder quer perder um bom funcionário para o concorrente por causa de diferença salarial. Formar um funcionário de primeira classe leva tempo e dinheiro. Por isso a empresa tem de investir para manter o funcionário na equipe.

Entender essa realidade serve como bússola para a companhia propor ajustes e correções necessários à média salarial ali paga. Mas não é apenas olhando para o mercado que a empresa consegue atribuir um salário justo; é necessário contemplar cada cargo.

Nomenclaturas de cargos mudam de empresa para empresa. Um funcionário pode ter mais responsabilidades que o ocupante do mesmo cargo em outra empresa.

Para entender as responsabilidades de um funcionário é necessário que a empresa tenha a descrição de cargo. Sabe quando você precisa recrutar alguém no mercado de trabalho? Você faz uma descrição com as características que você espera encontrar no candidato.

É relevante para a composição do salário do funcionário entender quais são as responsabilidades e quais os requisitos necessários para ele executar a função. É uma regra proporcional: quanto mais responsabilidades e mais requisitos, maior o salário.

As responsabilidades do cargo devem listar suas atribuições. O funcionário é responsável por outras pessoas da equipe? A função que ele executa pode acarretar prejuízos financeiros ou em máquinas e equipamentos se um erro for cometido? Um funcionário exerce mais responsabilidade que outro com a mesma função dentro desta ou de outra empresa? – para esse caso, é importante estar atento à necessidade de equiparação salarial.

O segundo componente referente ao cargo do funcionário são os requisitos necessários para exercer a função: nível de estudo exigido, domínio de idiomas e conhecimentos específicos são exemplos de requisitos intelectuais. Também existem os requisitos físicos: o colaborador permanece em posição desconfortável durante a jornada de trabalho? O local de trabalho oferece condições insalubres? É necessário condicionamento físico para executar a função?

Por vezes funcionários podem ter a mesma função e os mesmos salários, mas com responsabilidades e requisitos diferentes. Cabe à empresa ajustar sua política de cargos para propiciar um salário justo aos trabalhadores.

Não é apenas com salário fixo que as empresas ajudam na motivação dos colaboradores.

Benefícios e ganhos variáveis são excelentes maneiras de formar uma equipe de alto desempenho, sendo a renda variável uma opção que permite que empresas menores recompensem funcionários, mantendo todos engajados.

Os benefícios comuns que uma empresa oferece – e fazem muita diferença na vida dos colaboradores – são vales-refeição e alimentação, vale-transporte, seguro de vida, planos de saúde e odontológico, previdência privada, auxílio-creche, bolsa de estudos e Vale-Cultura.

Você consegue perceber a relação desses benefícios com as necessidades da pirâmide de Maslow? Eles foram criados porque são atrelados ao nível de motivação humana. São como salário: algumas empresas conseguem pagar mais do que outras, devido ao seu porte e à política de gestão da área de recursos humanos.

Vales-alimentação e refeição estão diretamente relacionados às necessidades fisiológicas. Quem não se motiva em fazer uma refeição de graça ou com um investimento mínimo descontado no holerite? Seguro de vida, planos de saúde e odontológico, por sua vez, representam saúde: também é uma necessidade básica humana, mas fazem parte da necessidade de segurança. O funcionário fica mais tranquilo ao saber que, se ficar doente, não vai ficar desamparado. O mesmo raciocínio aplica-se à previdência privada, que aumenta a segurança em relação ao futuro financeiro.

Vale-Cultura e bolsa de estudos estão no âmbito das necessidades social e impactam a autoestima. Percebeu como uma eficiente gestão de recursos humanos pode apoiar a liderança a criar o senso de propósito nos funcionários investindo em benefícios que diminuam as preocupações com questões básicas da natureza humana?

"Mas Alfredo não consigo influenciar diretamente nos benefícios oferecidos pela minha empresa." É verdade, mas como líder e detentor do conhecimento de como os benefícios ajudam uma equipe a se manter motivada, você pode levar a mensagem à diretoria e, aos poucos, mostrar que a empresa pode ter mais ganhos do que despesas investindo em benefícios.

Outro incentivo que as empresas podem oferecer são os benefícios financeiros. Esses são pagos em dinheiro para os funcionários. Os mais comuns são PLR (participação nos lucros e resultados), bônus, comissões e stock options.

O mais conhecido deles é a PLR. Como o próprio nome diz, é uma parcela dos lucros que a empresa divide com seus colaboradores. Embora não seja uma obrigatoriedade legal, algumas convenções coletivas garantem o direito a esse benefício. Os valores e a forma de pagamento são decididos em convenção coletiva e estão relacionados às metas da organização.

Líderes que enxergam à frente percebem que pagar a PLR é uma forma de motivar a equipe a se esforçar para que a empresa cumpra as metas de crescimento. Além de ter uma equipe que se engaje pelo sucesso da empresa, a PLR reconhece ao final do período o esforço realizado pelo time, compartilhando parte dos resultados financeiro com todos.

Já viu o sorriso no rosto de um funcionário depois de receber o décimo terceiro salário? A PLR também tem o poder de aumentar o ânimo do time todo. As pessoas ficam satisfeitas por se tratar de um dinheiro fora do orçamento mensal. O valor costuma possibilitar a realização de algum sonho ou de alguma necessidade urgente: por exemplo, comprar um eletrodoméstico, viajar, reformar a casa, ir a um evento social etc.

Os bônus são um pouco diferentes. Tratam-se de mecanismos de recompensa financeira normalmente destinados aos dirigentes da empresa. Estão atrelados às metas da organização – diretores de grandes empresas podem receber milhões de reais em bônus anuais.

As comissões são benefícios financeiros utilizados principalmente para equipes de vendas. Elas ajudam na conquista de metas desafiadoras, aumento de faturamento e atendimento aos clientes – os vendedores buscam atender melhor para ter a oportunidade de vender novamente para o mesmo cliente.

Esses valores podem ser somados às premiações por vendas, estabelecendo assim duas formas de remuneração extra. Quando o vendedor realiza uma venda, ele recebe a comissão; já a premiação vem quando um número determinado de vendas foi realizada. Por exemplo, quem atingir 100 vendas no mês ganha uma viagem. Dessa forma, você estabelece uma recompensa financeira – e outra ligada à autoestima do funcionário.

Stock options são formas de remunerar altos executivos de uma empresa. Esse benefício enquadra-se em empresas negociadas em bolsa de valores. Consiste em dar uma opção de compra de parte das ações por um valor fixado durante um período. A vantagem para o executivo acontece quando as ações se valorizam pelo bom trabalho realizado pelo profissional dentro da organização.

Por exemplo: quando o presidente assume a empresa com as ações negociadas por R$ 7 e, após um ano de gestão, o valor de mercado das ações sobe para R$ 9. Se havia um acordo de stock options no contrato do executivo, ele pode exercer a opção de compra das ações pelo valor de R$ 7. No exemplo hipotético, ele ganharia 28% com a negociação. Ele fez a empresa crescer; e ele também ganha.

Stock options é um mecanismo que se aplica a altos executivos. Deve ser tratado com atenção pela empresa, pois um executivo pode valorizar mais o resultado de curto prazo para usar sua opção de compra – mas, em longo prazo, as ações que foram feitas não geram resultado e, assim, a empresa pode ver mascarado resultados reais.

Benefícios são motivadores para as equipes. Cada empresa precisa definir, com base em sua capacidade atual e expectativas dos funcionários, quais são os que, se implementados, trarão diferença motivacional.

Com eles, o líder tem papel indireto, servindo como uma ponte entre desejo e necessidades dos colaboradores com os responsáveis de recursos humanos para a implementação dos benefícios.

Muito além do salário: formas de incentivo que o líder pode praticar

Quantas horas, em média, uma pessoa passa semanalmente no ambiente de trabalho? No Brasil, uma jornada habitual vai das 8 horas até 17h30. Facilmente um funcionário passa nove horas trabalhando por dia, com intervalo de uma hora de almoço – às vezes nas dependências da empresa.

A jornada de trabalho corresponde, então, a aproximadas 47 horas semanais. Soma-se a elas mais duas horas gastas diariamente com transporte da residência até o local de trabalho. Assim, das 168 horas da semana, 57 são dedicadas ao trabalho.

Alguém que dorme em média oito horas por noite, passa 56 horas em repouso durante a semana. Trabalho e repouso consomem, portanto, 113 horas da semana. Sobram 56 horas para a realização de todo o resto: alimentação, higiene pessoal, lazer, passar tempo com a família, estudar...

Um terço da nossa vida é dedicado a descanso. Algumas pessoas, para ter mais tempo disponível, optam por uma jornada de sono inferior a oito horas diárias. O organismo de cada um é diferente: uma noite de seis horas pode ser suficiente para alguns e insuficiente para outros. Estudos mostram que mulheres tendem a precisar de mais horas de sono do que homens.

Tirar tempo do repouso para distribuir em outras atividades acarreta, em longo prazo, problemas como fadiga, falta de atenção, queda na imunidade e até alterações hormonais e pressão alta. O sono é fundamental para uma boa qualidade de vida. Cada indivíduo precisa conhecer qual é o tempo necessário para repor as energias e continuar sendo produtivo ao longo do dia.

O tempo que passamos com a família, os amigos ou fazendo atividades prazerosas favorecem mais qualidade de vida e motivação. Dedicar algumas horas semanais para uma atividade física também é fator de qualidade de vida. Entre os benefícios proporcionados pela prática, incluem-se a prevenção de muitas doenças e de depressão.

Relacionar-se também é fundamental; afinal, é uma necessidade social humana. Pessoas de alto desempenho desenvolveram relacionamentos saudáveis e sabem otimizar bem o tempo disponível para estar ao lado das pessoas de que gosta e que faz bem.

Se o tempo fosse como uma pizza e a dividíssemos em três partes, perceberíamos que a parte correspondente ao descanso pode até ser ajustada em alguns casos, mas sempre com autoconhecimento em relação aos seus limites individuais. O pedaço equivalente às atividades pessoais deve ser preservado, pois é um componente essencial na qualidade de vida. Nos sobra a fatia dedicada ao trabalho.

Algumas empresas já oferecem jornadas flexíveis e opções de trabalho em home office, mas essa não é a realidade da maioria. Para algumas funções é impossível aplicar o trabalho remoto. O líder e a empresa precisam que o funcionário esteja presente fisicamente no ambiente de trabalho para realizar sua função – por exemplo, para operar uma máquina de produção.

Se a jornada não pode ser alterada, cabe ao líder propiciar um ambiente agradável à equipe, garantindo mais qualidade de vida e motivação dos empregados durante o um terço da vida deles que é dedicado ao trabalho.

Acordar e ir trabalhar deve ser tão bom quanto voltar para a casa no fim da tarde.

Refiro-me a contribuir para um manter um local de trabalho onde o sentimento de coleguismo impere entre os funcionários. Estimular uma convivência saudável entre colegas é uma tarefa homérica.

Membros da equipe devem se respeitar, ser empáticos e colaborativos. Se passamos um terço na vida no ambiente de trabalho, esse local tem de ser como uma segunda família.

"Na empresa em que trabalho agimos como família, Alfredo: sempre brigamos."

Conviver implica em viver com outras pessoas. Já percebeu como costumamos gostar das pessoas com as quais pouco convivemos? Quando você conhece alguém e estabelece um vínculo fraco, resultado de uma conversa rápida sobre assuntos agradáveis, você acaba formando uma opinião positiva sobre a pessoa.

Em contrapartida, quando passa muitas horas juntos de alguém, logo consegue identificar vários defeitos. Como diz a frase bíblica, no Evangelho Segundo Mateus: "primeiro tira a viga do teu olho, e então poderás ver com clareza para tirar o cisco no olho de teu irmão". Ou seja, precisamos disseminar uma cultura tolerância dentro das empresas.

Isso não implica um comportamento passivo diante de erros, contravenções, atitudes antiéticas. Cultura tolerante é a compreensão de que pessoas são diferentes, pensam de forma diferente, têm gostos divergentes. Podemos ter razão para discordar de uma opinião, mas isso não nos dá o direito de desrespeitar o outro.

O primeiro passo para um bom clima organizacional é nutrir um sentimento de coleguismo, respeito e colaboração entre os membros da equipe.

Pessoas que dividem o mesmo ambiente por mais de oito horas diárias e se odeiam contribuem para um ambiente insuportável para toda a equipe. É natural ocorrerem conflitos – afinal, faz parte da natureza humana –, mas o líder precisa saber atuar para não permitir que desentendimentos afetem o ambiente de trabalho.

Não ignore os conflitos. Assim que perceber que algo está gerando desconforto na equipe, intervenha. Você não busque culpados e coloque-se como um mediador, buscando a melhor solução para a situação.

Lembre-se da regra do iceberg: 90% do conteúdo não está visível. Em um conflito, é possível que a principal causa geradora não seja exposta pelas partes. Pode ser uma rixa pessoal, uma crença, um hábito ou algo que tenha acontecido fora do ambiente de trabalho. Identifique a causa real do conflito. Busque corrigir a questão junto aos envolvidos, a fim de estabelecer novamente um clima positivo.

Um ambiente saudável é primordial para conquistar clima organizacional favorável. Organização, limpeza e iluminação são fatores que demonstram que a liderança está preocupada com os funcionários. O simples fato de a equipe saber que tem alguém preocupado com eles aumenta o índice de motivação das pessoas.

Trabalhe na promoção de um ambiente confortável e agradável aos funcionários. Organize um mutirão de limpeza com seu time. Se a empresa permitir, decore o ambiente com plantas – o contato com a natureza proporciona serenidade às pessoas. Instale quadros nas paredes, insira objetos decorativos que mexam com o sentido estético das pessoas.

Apreciar beleza artística ajuda a promover sentimentos melhores. E, com eles, vem também uma convivência melhor. O ambiente decorado artisticamente colabora com o bem-estar psicológico de quem frequenta o local e também diminui o estresse.

Além de todos esses fatores, sua postura de líder é essencial para a construção de um ambiente motivador e com mais qualidade de vida.

Você gostaria de ser liderado por alguém como você?

Não adianta apenas um ambiente saudável. Sua liderança precisa ir ao encontro disso. Uma liderança justa, que inspira, educa, conversa, apoia, treina, fornece bons feedbacks e está comprometida verdadeiramente com o bem-estar dos funcionários. O líder é o primeiro responsável pelo clima organizacional.

O líder também dispõe de outra ferramenta para a motivação de equipes, algo que não acarreta custos para a empresa e oferece excelentes resultados para os times: o reconhecimento.

Minha experiência como palestrante em diversas empresas no Brasil me fez chegar à conclusão de que uma das principais reclamações dos funcionários é sobre a dificuldade de tirar um elogio do chefe.

Todos gostam de ter seu trabalho reconhecido. E o líder deve sair daquela mentalidade que fala assim: "Não fez mais do que a obrigação". É preciso reconhecer o esforço das pessoas e comunicar para elas na forma de um elogio.

Alguns líderes, principalmente os autocráticos, têm facilidade na hora de cobrar a equipe. Eles precisam desenvolver sua capacidade para elogiar as pessoas.

O elogio não deve ser vazio, mas sincero e direcionado para algo que você realmente tenha observado de bom na equipe. Um elogio sincero é capaz de trazer de volta a motivação do funcionário – além de atuar diretamente na autoestima do elogiado.

Expressar reconhecimento também faz bem. Estudos científicos comprovam que pessoas gratas enxergam as dificuldades da vida de forma mais positiva, têm menos ansiedade e agressividade. Se você ainda não pratica o reconhecimento verdadeiro com sua equipe, saiba que está deixando de lado uma importante ferramenta para sua saúde física e mental. De acordo com a Associação de Psicologia Americana, pessoas gratas têm menos problemas inflamatórios e de cansaço, melhor sono e humor. A Universidade da Califórnia, também nos Estados Unidos, concluiu, em estudo realizado com pessoas transplantadas, que aquelas que exerciam a gratidão apresentavam um estado de saúde mental melhor em relação àquelas que não o faziam.

Em relacionamentos, pesquisas demonstram que agradecer às pessoas facilita na hora de criar vínculos de amizade. A gratidão não ajuda apenas a conhecer novas pessoas, mas casais que têm gratidão pelo cônjuge têm casamentos mais saudáveis e duradouros.

Segundo a Lei de Newton, "dois corpos não podem ocupar o mesmo lugar no espaço ao mesmo tempo". Essa norma também aplica-se para as coisas que pensamos e sentimos. Aqueles que atravessam depressão têm na gratidão uma forma auxiliar no tratamento da doença, como constatou o pesquisador Robert Emmons.

Esse fato se dá porque, ao praticar a gratidão, sua mente está focando em sentimentos como amor, alegria e respeito. Com sentimentos e pensamentos positivos ocupando espaço na psique humana, a pessoa com depressão vai focar menos tempo em sentimentos negativos, que servem para piorar o quadro de saúde mental.

Reconhecer os feitos de alguém com gratidão também combate o sentimento de inveja e cobiça. Pensamentos negativos de que a vida dos outros é melhor podem se abater sobre qualquer um. Sentimentos dessa categoria afetam a autoestima e o bem-estar psicológico. Quando reconhecemos a capacidade alheia, ficamos felizes por eles e nos afastamos do pensamento de invejar as conquistas dos outros; aprendemos a autoaceitação.

Exercitar a gratidão e o reconhecimento vai trazer benefícios para você e para sua equipe. Não deixe para amanhã o elogio que você pode dar hoje. Se estiver ausente da empresa, elogie por e-mail o bom trabalho realizado pelas pessoas de seu time. Não deixe de reconhecer.

Elogio custa muito pouco para o líder e vale muito para o funcionário.

Capítulo 12

A essência da liderança

"Inclua em teu trabalho o objetivo de servir e fazer o bem aos demais e conhecerás o que é trabalhar com felicidade."
Augusto Branco

Autor do best-seller O monge e o executivo, lançado no Brasil em 2004, James C. Hunter aborda a expressão "liderança servidora". Significa que todo líder deve aprender a servir, não a mandar.

Aqueles que mandam exercem a liderança pelo poder – em que os funcionários só seguem o determinado movidos pelo medo ou pela recompensa. O líder que se desenvolve no sentido de servir as pessoas constrói a liderança a partir do sentido de autoridade. Isso significa que seus subordinados fazem o que é pedido porque são influenciados pela maneira como ele se comporta.

O líder servidor serve aos propósitos organizacionais e aos funcionários da equipe. Como esse líder serve a equipe? Essa liderança põe em prática virtudes humanas como paciência, humildade, gentileza, respeito e comprometimento. As virtudes são usadas a serviço dos seres humanos; não de forma egoísta, o que as transformaria em vício.

O líder servidor sabe distinguir as necessidades dos desejos dos funcionários. Necessidade é tudo aquilo que ele precisa para executar sua função com alto desempenho: local de trabalho adequado, treinamento, apoio da liderança, ferramentas de trabalho adequadas etc. Desejos são características pessoais, mais relacionados a vaidades humanas do que a necessidades para o sucesso. O funcionário pode desejar que filé mignon seja servido na hora do almoço no refeitório da empresa, mas o necessário para a motivação é que o ele tenha uma refeição ou que a empresa forneça um vale-refeição.

Distinguir as solicitações de desejo daquelas solicitações de necessidade faz com que o líder não seja manipulado pela equipe e, também, fornece o que é essencial para o time.

Apoiar a equipe de forma justa gera autoridade na liderança. Esse sentimento faz com a equipe ter vontade de entregar os resultados esperados pelo líder. Um time que os entrega serve aos propósitos da empresa e dos acionistas. Ilustro esse tema com uma pequena narrativa sobre a essência da liderança.

Essa é a história de um jovem que tinha a meta de tornar-se um bom líder. Para isso, ele fez vários cursos, inclusive algumas faculdades. Aprendeu muito, mas ainda não tinha encontrado a essência da liderança.

Continuou fazendo ainda mais cursos: pós-graduação, mestrado, doutorado. Aprendeu muita coisa, mas ainda sentia falta de algo. Até que ele encontrou um amigo que disse que existia um guru em uma determinada cidade – e que este poderia ajudá-lo.

Anotou o endereço e foi ao encontro desse homem. Chegando lá, o guru olhou para ele e disse: "Saia agora e traga para mim uma pessoa que realmente o acompanha, que está com você de verdade, que segue você de fato – e eu lhe mostrarei a essência da liderança".

O jovem saiu da presença do guru e não voltou mais. Não conseguiu encontrar uma pessoa com essa disposição. Os anos se passaram e ele já tinha praticamente desistido dessa busca. Então ele casou e tornou-se pai de uma linda menina. Depois de três anos cuidando de sua filhinha, lembrou-se do velho guru. Pegou a filha no colo, fez uma viagem de carro com ela e foi novamente ao encontro do sábio.

Na presença dele, foi logo dizendo:

"O senhor se lembra de mim?"

"Sim, me lembro muito bem."

"O senhor me pediu para trazer alguém que me acompanhasse, que estivesse presente comigo, que me seguisse de verdade. Agora eu tenho. E é ela, a minha filhinha. Ela está comigo, senhor. Ela realmente me segue. Para que o senhor tenha uma ideia, tem dias que tenho de sair até escondido dela."

O guru olhou para ele e fez uma pergunta:

"Por que ela segue você?"

Ele pensou um pouquinho e, logo, chegou a uma conclusão:

"É simples, senhor: ela me segue, está comigo a todo momento porque ela me ama."

O sábio olhou para ele e fez a segunda pergunta. A decisiva pergunta:

"Por que ela ama você?"

Demorou um pouco mais para ele chegar a uma resposta. Mas ele entendeu:

"É simples também: ela me ama porque eu a amo. E muito."

Naquele momento, o guru olhou para esse líder em potencial e disse:

"Agora, você entendeu a essência da liderança. Pode seguir seu caminho."

Tive a oportunidade, enquanto jovem, de ter uma líder que me mostrou essa essência. Seu nome era Arlete. Ela era responsável pela área de recursos humanos na fazenda onde trabalhei como peão quando jovem. Seu modo de agir sempre foi de uma líder à frente de seu tempo. Sua postura, suas atitudes, sua vontade de ajudar aquelas pessoas a mudar de vida era contagiante.

Falamos da importância do líder em educar a equipe. Arlete transmitia a essência da liderança não apenas se reunindo e educando os funcionários, ela se reunia com os cônjuges e familiares deles.

Muitos líderes se esquecem do déficit educacional que temos no Brasil e, ao pensar que "as pessoas já sabem disso", perdem a oportunidade de ajudar na melhoria de vida dos funcionários.

Na fazenda, os empregados tomavam banho de bacia. Arlete, comprometida com a melhoria na qualidade de vida da equipe, conseguiu que os mais de 100 funcionários da fazenda passassem a ter acesso a chuveiro e água quente.

Com a filosofia de servir as pessoas, ela convenceu o dono da fazenda da importância de montar um time de futebol e construir uma pista de bocha. Arlete envolveu também as esposas e mães com um bate-papo semanal sobre higiene e saúde.

Ela descobriu que tínhamos o sonho de conhecer a cidade de Aparecida. Como grande líder, traçou metas para serem concluídas e recompensou a equipe pelo desempenho. Conseguiu dois ônibus que nos levaram até lá – sem custo algum para nós. Ainda houve viagens para Poços de Caldas, Praia Grande, Campos do Jordão… Todos os anos tínhamos um passeio como prêmio pelas conquistas.

Essa é a essência da liderança: ame as pessoas. Quem não gosta de gente não pode liderar gente.

O líder precisa ter sensibilidade, enxergar que seus liderados são seres humanos. Eles têm necessidades, algumas vezes até necessidades básicas não atendidas completamente. O líder precisa entender que necessita servir as pessoas, não apenas ser servido por elas. O pensamento egocêntrico leva líderes e empresas ao fracasso. O grande líder precisa comprometer-se a fazer a diferença na vida das pessoas.

Arlete fez a diferença em minha vida. Ensinou o que um líder precisa ser e fazer para construir a diferença na vida de seus funcionários. Até os dias de hoje, após mais de quatro décadas que sai da fazenda, quando me reúno com velhos amigos da minha cidade natal, eles também compartilham comigo a diferença que essa grande líder fez em suas vidas.

"A diferença que fizemos na vida dos outros é que determina a importância da nossa própria vida."
Nelson Mandela

AGRADECIMENTOS

Começo agradecendo ao agente literário Felipe Colbert, pela insistência e persistência para que eu escrevesse este livro. Agradeço à Editora Planeta, que confiou em meu trabalho – e a toda a equipe editorial que, junto com a Clarissa, refinou o trabalho destas páginas.

Ao Carlos de Paula, pelo apoio na hora de compilar minhas ideias e transformá-las em livro. À minha primeira grande líder, a Arlete, que me ensinou que liderar é fazer o bem às pessoas, gostar de verdade de pessoas e fazer o melhor a elas.

Ao João Alves da Silva, conhecido como João Coragem. Foi um líder que tive na roça. Ensinou-me que, para liderar, é preciso trabalhar mais do que todo mundo. Ao Wilson Mileris, o líder que me deu o primeiro livro na vida e me mostrou a importância da leitura para meu sucesso e futuro – graças a ele, minha carreira como palestrante foi possível. Ao professor Othon, que me ensinou a ser comprometido e me inspirou a ser um palestrante de grandes plateias.

Aos meus clientes, cultivados ao longo de trinta anos de carreira. E meu muito obrigado aos mais de 3 milhões de pessoas que já me assistiram.

Aos líderes das empresas que me possibilitaram conhecer e aprender a realidade delas, ver na prática o que é uma liderança de sucesso e aprender quais são os seus desafios.

Por último: à líder mais importante em minha vida, senhora Jandira, minha mãe. Ela liderou até os 92 anos e 9 meses de vida. Deixou-nos em setembro de 2015 – mas, enquanto eu existir, vai seguir me liderando com seu caráter, valores e princípios. Muito obrigado, mãe.

**Acreditamos
nos livros**

Este livro foi composto em Adobe Garamond Pro, Myriad Pro e impresso pela Gráfica Santa Marta para a Editora Planeta do Brasil em fevereiro de 2020.